Isabella Bolech
Valentina Marzani
Ilaria Meroni
Franca Frigenti
Antonio Boccalupo
Rivkah (Rebecca) Hetherington
Tiziana Massa
Danila Pittau
Valentina Rossi

Ne vale la pena

Esperienze di arte terapia e danzamovimento terapia in carcere

Questo libro è dedicato

a ciascuna delle persone che abbiamo incontrato

negli istituti penitenziari che,

a prescindere dalla loro storia individuale,

hanno comunque per sempre e irrevocabilmente

segnato e significato la nostra vita personale e professionale

per cui pensiamo davvero che

NE VALE LA PENA

SOMMARIO

PREFAZIONE

Il carcere, dentro e fuori

di Isabella Bolech

La parola carcere evoca immediatamente l'idea di reclusione, ma anche subito la nozione di pena e di crimine. Istintivamente proviamo un senso quasi di repulsione e paura: fin da bambini veniva evocata la "gattabuia" come luogo terribile dove avremmo potuto finire se ci fossimo comportati male.

Il carcere appunto è un luogo fisico ove una parte dell'umanità è condannata a stare per un certo numero di anni a espiare un reato. Ma è anche lo stesso luogo dove alcuni vengono preventivamente detenuti in attesa di giudizio.

Tuttavia, a un'analisi più attenta il carcere è per sua stessa natura un "non luogo", nel senso che incarna tutte le ambivalenze e le contraddizioni dei sistemi sociali e si colloca esattamente al confine tra dentro e fuori.

Le case di detenzione si trovano "dentro le città" (in alcune realtà nel nostro paese sono ancora presenti nei centri storici, in altre, in luoghi più periferici) e comunque esse fanno parte della nostra società civile, eppure per loro stessa natura sono "fuori" dal tessuto sociale in quanto non partecipano allo svolgersi della vita ordinaria e sono escluse da qualsiasi coinvolgimento nell'esistenza degli abitanti del luogo.

Chiunque abbia mai avuto accesso a un carcere conosce il vertiginoso protocollo di entrata: controlli, identificazioni, l'obbligo di lasciare in deposito effetti personali, ecc. ma soprattutto l'apertura e la chiusura delle porte di ingresso a ogni singola sezione, a ogni singola area. Ogni passaggio sembra portare sempre più "dentro" al carcere, ma anche sempre più "fuori" dal mondo esterno.

Comprendere profondamente questa duplicità, questo stare sospesi tra un dentro e un fuori che costantemente si ribaltano è essenziale per cominciare a entrare in relazione con questo mondo a parte, sospeso al confine della nostra esistenza.

Non è questa la sede (e non è specificatamente il nostro intento) per dibattere sui grandi temi della giustizia penale e di come essa venga applicata e declinata nella pratica italiana e ancor meno mondiale, solo ci interessa suscitare una piccola riflessione sull'umanità che vive dentro al carcere e che noi come terapeuti – arte e danzamovimento terapeuti nello specifico – abbiamo deciso di andare a incontrare e conoscere.

Che cosa ci spinge a farlo?
Alla base, ciascuno di noi ha evidentemente motivazioni personali che afferiscono alla propria storia individuale e alle esperienze che costellano la nostra vita professionale, ma ciò che sicuramente ci accomuna tutti è proprio la spinta a incontrare l'altro esattamente su quel limite tra dentro e fuori che caratterizza la vita nelle carceri.

Infatti, sappiamo che proprio su quel confine avviene tutto ciò che è veramente significativo per noi e per l'altro.

L'arte terapia e la danzamovimento terapia nelle carceri

In carcere il *leitmotiv* infinito è il tempo.

Il tempo, infatti, sancisce la durata della pena in anni e mesi, ma scandisce anche le settimane e le singole giornate del detenuto cui vengono imposte dai ritmi quotidiani (ma anche giudiziari) estenuanti attese, fatte di tempi morti e infiniti vuoti.

Creare quindi occasioni di impegnarsi in attività significative è diventato via via sempre più urgente e importante anche per le stesse amministrazioni carcerarie che hanno iniziato a promuovere iniziative volte a riempire quei vuoti e quegli spazi.

All'interno del sistema carcerario ormai da molti anni vengono promosse attività condotte da esterni. All'inizio si trattava per lo più di interventi di natura volontaristica mirati in parte a cercare di mitigare le difficili condizioni dei detenuti e a promuovere l'attivazione di soggetti che in quelle situazioni rischiavano la passività. Non va infatti dimenticato che nella realtà la vita all'interno del carcere è molto dura e soprattutto in ben pochi casi è possibile garantire un lavoro o attività significative.

In questo contesto, ben presto e in modo piuttosto naturale per il vero (data la tipologia dei nostri interventi), a poco a poco si sono avviate le prime esperienze di arte e danzamovimento terapia nelle varie carceri italiane che risalgono ormai a qualche decennio fa.

Va detto che la realtà carceraria è assai variegata ed esistono molte differenze tra i vari istituti di pena che non poco influiscono sia sulla possibilità di proporre e fare esperienze, sia sulla realizzazione delle stesse. Così, vi sono situazioni in cui l'intervento professionale è riconosciuto e istituzionalizzato, altre in cui è possibile fare piccoli percorsi finanziati da organizzazioni private, altre in cui gli interventi esterni sono visti con sospetto e mal tollerati, altre ancora in cui, malgrado un'accettazione formale, vi è un sostanziale disinteresse per ciò che si fa e men che meno per i risultati ottenuti, altre infine in cui invece vi è grande attenzione e condivisione.

Possiamo in questo senso parlare di condizioni molto diverse, che ogni singolo professionista deve trovare il modo di comprendere per adattarsi e riuscire a operare.
In generale, tuttavia, al di là delle poche e felici esperienze che anche qualcuno degli autori di questo nostro libro ha avuto ed ha, resta la difficoltà fondamentale di riuscire a far riconoscere appieno la valenza e l'utilità del nostro intervento.

Vero è che già di base, il riconoscimento professionale della nostra attività in Italia è una questione molto spinosa, sia per mancanza di disposizioni chiare e univoche (e anche per la presenza di qualche campanilismo), sia perché l'arte e la danzamovimento terapia, pur sorrette da importanti e solide basi teoriche, vengono difficilmente comprese se non esperite direttamente. (Quando ci chiedono di spiegare che cosa facciamo, tutti noi preferiamo cercare di far sperimentare direttamente un nostro intervento che viene immediatamente compreso dagli utenti).

Questo porta a un'autentica sottovalutazione – se non addirittura svalutazione – dei nostri interventi che spesso vengono bollati con frasi del tipo "li fai disegnare, li fai ballare" o definizioni dell'arteterapeuta come "insegnante d'arte" e del danzamovimentoterapeuta come "professore".

Va da sé che questo crea difficoltà nel proporre la nostra attività alle amministrazioni carcerarie che non sempre comprendono il valore di ciò che andremo a fare e ancor più a ottenere prima di tutto delle condizioni di lavoro accettabili (per esempio, luoghi adeguati, sufficientemente protetti o materiali artistici e non) e non ultimo ad avere un riconoscimento dei benefici sull'utenza.

Tuttavia, le esperienze positive di molti di noi ci motivano sempre più ad andare avanti in questa direzione, verso un tentativo di promozione del nostro operato all'interno del pianeta carcere, perché crediamo veramente che in molte situazioni possa fare la differenza, soprattutto laddove, per vari motivi, non ci sono altri interventi di cura.

Il progetto di questo volume nasce durante il periodo della pandemia, un momento che definirei, anche a distanza di tempo, per nulla casuale, in cui i nostri interventi nelle carceri erano stati forzatamente e bruscamente interrotti e noi stessi ci siamo trovati catapultati in una parallela dimensione di isolamento. Il naturale bisogno di contatto che ne è scaturito ci ha indotto ad incontrarci su una piattaforma informatica e a creare un gruppo di studio e confronto.

Abbiamo subito avvertito la necessità di raccogliere e coniugare le diverse esperienze in un piccolo testo che, da un lato serva a lasciar traccia e testimonianza dei percorsi fatti e dall'altro, possa essere utile lettura per tutti coloro che siano interessati, che vogliano intraprendere esperienze simili, per gli operatori, gli educatori, ma anche per chi si trova a vario titolo a relazionarsi con il mondo delle carceri.

Il libro raccoglie, quindi, alcune delle nostre diverse esperienze in carcere e in vari contesti, apparentemente anche molto distanti tra loro, ma tutti accomunati da questo stare sul confine e nella terra di mezzo.

Apre Valentina Marzani che, all'interno delle carceri milanesi da molto tempo ormai, ci presenta una profonda riflessione sull'intervento di arte terapia, sulle possibilità offerte, sui limiti della fattibilità degli interventi, ma soprattutto sull'autenticità delle relazioni che in questo tempo è riuscita a creare con i suoi utenti.

Ilaria Meroni, dopo una breve descrizione del suo percorso personale "dentro e fuori", ci prende per mano delicatamente e in punta dei piedi, con una danza lieve e gentile ci introduce piano piano nella vicenda e nel percorso di un utente che alla fine della narrazione ci apparirà davvero trasformato dall'esperienza.

Franca Frigenti ci illustra la sua lunghissima esperienza di arteterapeuta in ambiente carcerario minorile, attraverso tutte le evoluzioni che hanno caratterizzato lo stesso intervento. Con tocco lieve e sapiente ci accompagna lungo la strada tortuosa della possibilità di entrare in relazione con ragazzi problematici e traumatizzati che per mezzo del linguaggio artistico scoprono di sé e del mondo, riaccendendo o accendendo per la prima volta la fiammella tenue della speranza e della possibilità.

Anche Antonio Boccalupo, la cui attività si svolge quasi esclusivamente all'interno delle realtà carcerarie minorili bolognesi, ci offre generosamente le sue riflessioni sulla difficoltà di espressione e controllo delle emozioni di giovani che hanno precocemente imboccato la via della devianza e del reato grave.

Rivkah (Rebecca) Hetherington e Tiziana Massa ci presentano la realizzazione di quello che in origine era un progetto di natura sperimentale nel carcere femminile di Bologna che ha condotto un gruppo di donne detenute a poter esprimere vissuti e contenuti a lungo repressi entro le mura fisiche e psichiche del carcere.

Danila Pittau ci introduce nel mondo a parte di un carcere in Sardegna, dove ha sviluppato interventi diversi, fino a riuscire a creare un tessuto relazionale importante con i detenuti, alcuni dei quali una volta scontata la pena continuano a mantenere un contatto con lei e a segnalarle costantemente quanto il percorso svolto sia stato davvero foriero di trasformazione nella loro pur difficile esistenza. Questa esperienza mette in evidenza la peculiarità di alcune realtà carcerarie molto periferiche rispetto ad altre più note.

Valentina Rossi, operando in realtà penitenziarie lombarde molto diverse tra loro, tesse una trama comune attraverso l'uso di un materiale – la creta- che apre una serie di riflessioni e possibilità per i detenuti con cui ha operato e opera.

Per terminare abbiamo inserito la narrazione di un'esperienza da me vissuta presso una comunità per minori affidati dal Tribunale, che pur non essendo propriamente un'istituzione penitenziaria, rimane pur sempre un luogo la cui esistenza è prevista per vigilare soggetti minorenni che abbiano compiuto reati, ancorché di lieve entità, o che siano in situazioni di rischio e che siano ritenuti in qualche modo recuperabili.

Tutte le esperienze narrate testimoniano la diffusione dei nostri interventi su tutto il territorio nazionale e in realtà molto diverse che ciascun autore descriverà per accompagnare il lettore a conoscere le differenti situazioni in cui si opera, ma attraverso cui sarà possibile riconoscere un *fil rouge* che le unisce.

Un'ultima breve annotazione riguarda il tema della recente pandemia che molto ha influito sul nostro lavoro, costringendo anche a lunghi periodi di sospensione delle attività.

L'emergenza Covid-19 ha acuito ulteriormente le difficoltà della vita carceraria e ha impedito per lungo tempo l'accesso alle carceri innalzando un altro muro tra questo dentro/fuori.

Ad oggi, mentre sembra che l'emergenza sanitaria sia tramontata, non possiamo non notare che ancora alcune barriere che erano state innalzate a tutela dei detenuti e degli operatori in certi contesti non sembrano essere state del tutto rimosse e ciò che temiamo è che si rischi una sorta di involuzione rispetto alla possibilità degli interventi nelle carceri.

È certo comunque che, come accaduto nella realtà sociale esterna, registriamo alcuni cambiamenti profondi la cui portata non è e non può essere ancora del tutto chiara.

Abbiamo transitato un grande trauma collettivo che probabilmente ha segnato le nostre generazioni ed è quindi evidente che questo non può non aver avuto un impatto significativo sulla parte più fragile e più emarginata del nostro sistema sociale.

Per questo, anche gli autori di questo volume, al loro rientro in attività nelle carceri si sono trovati ad affrontare una realtà molto diversa da prima e ad accettare nuove e difficili sfide.

Per finire vogliamo ringraziare tutti coloro che ci hanno sostenuto e ci sostengono in questa nostra attività, ma un riconoscimento particolare va ai direttori responsabili delle realtà carcerarie in cui operiamo per aver permesso, riconosciuto e validato il nostro intervento di arte e danzamovimento terapia.

Isabella Bolech – Psicologa iscritta all'Albo della Regione Lombardia, arteterapeuta (Art Therapy Italiana – Bologna), Supervisore didatta e formatore presso Art Therapy Italiana sia nel programma di formazione triennale che nei Master di specializzazione. Coautrice con M. Della Cagnoletta e D. Mondino del testo "Arte terapia nei Gruppi" ed. da Carocci Faber. Supervisore del Gruppo di Studio e Coordinamento sugli interventi di AT e DMT nelle carceri che raccoglie professionisti provenienti da varie formazioni.

L'interesse per il mondo delle carceri nasce anche dai suoi precedenti studi internazionali presso l'Università di Ginevra (CH) dove ha conseguito una prima laurea in "Traduzione ed Interpretazione", seguita da una successiva laurea in "Scienze Politiche" presso l'Università di Pavia.

Svolge attività privata presso il suo studio e attualmente opera come Supervisore presso le Comunità ANFFAS di Pavia, occupandosi di disabilità intellettiva.

bolech@iol.it

TRACCE CHE RACCONTANO IL SILENZIO

di Valentina Marzani

... *"Il mestiere di chi ascolta è pericoloso: se non lo si fa con l'orecchio attento, se ci si addormenta, entra il giusquiamo, il veleno che il fratello versa nell'orecchio del padre di Amleto, entra il veleno a corrompere la vita, a farla morire. Non fisicamente, ma ci si ammala di disattenzione, di poca vita, di poco ascolto: si perde la creatività di quella co-creazione che è l'analisi, e la patologia rischia di impossessarsi di noi. (...) Bisogna essere sempre all'ascolto, un ascolto profondo, interiore, attento alle sfumature, a sentire quello che succede dentro, e non è un udire esterno, periferico, ma proprio un 'sentire', nell'interezza psiche-corpo, la parola corporea e psichica dell'altro"* ...

L. Ravasi Bellocchio (2005) "Sogni senza sbarre" Storie di donne in carcere, Raffaello Cortina Editore, p 11

Quando il gruppo del coordinamento delle artiterapie in carcere ha "partorito" l'idea di scrivere questo libro mi sono sentita subito coinvolta attivamente, nonostante trovi sempre difficile riorganizzare in modo razionale quanto emerge nel mio lavoro in atelier. Non è un caso se, da arteterapeuta, utilizzo il termine 'partorire' per iniziare questo capitolo.

La quotidianità lavorativa comporta il sentirsi sempre nel divenire degli eventi. Nonostante la stesura delle note di processo, il fluire della conduzione delle sedute non facilita la possibilità di fermarsi a riflettere e dare una forma organica al bagaglio di osservazione che si origina con ogni esperienza.

Da arteterapeuta avrei trovato più immediato raccontare la mia esperienza in carcere attraverso le immagini, ma penso anche che un'esperienza narrata permetta di lasciare una traccia e di creare un contenitore per mantenere vivo il vissuto.

La fatica di utilizzare le parole e di scegliere il taglio più adatto per il racconto, che mi ha messo tanto alla prova, ha rappresentato per questo un momento di arricchimento nella mia professione.

Ripenso all'inizio del percorso di conduzione all'interno dell'ambito carcerario e all'insieme di emozioni e pensieri che affollavano la mia mente al principio di quello che poi è diventato il mio ambito lavorativo.

Ho cercato di recuperare la moltitudine di emozioni di quel primo periodo e le rileggo oggi con la consapevolezza che deriva dall'aver fatto ordine nella pratica del quotidiano, anche attraverso le supervisioni e il confronto con altri professionisti.

Il mio intervento come arteterapeuta inizia nel gennaio 2004, quando come tirocinante ho avviato la conduzione del primo laboratorio di arte terapia all'interno della Casa Circondariale 'Francesco di Cataldo' Milano San Vittore.

Da quell'anno la proposta di laboratori è proseguita, attraverso un'alternanza di dispositivi di finanziamento che hanno permesso la continuità di intervento in questi diciassette anni, sia all'interno della C.C. San Vittore sia nella Casa Circondariale di Monza.[1]

Ripensando a tutto il percorso, nelle mie riflessioni affioravano parole chiave che, come in un meccanismo di libera associazione, si richiamavano le une alle altre, creando un filo conduttore tra gli aspetti della relazione e la produzione arteterapica all'interno del contesto carcerario.

La prima parola chiave è 'ASCOLTO', concetto principe della citazione con cui ho scelto di aprire il mio racconto. L'ascolto, concetto legato all'idea di accoglienza, rappresenta uno degli aspetti cardine degli interventi terapeutici e nello specifico del setting arteterapico assume una forma ben precisa in cui chi ascolta è teso ad accogliere tanto chi si esprime, quanto l'oggetto che viene creato nell'atto dell'espressione.

All'interno di questa triangolazione, basata fortemente sulla capacità di cogliere il momento del 'qui e ora', si compie un processo fondamentale capace di attivare la relazione, in cui il linguaggio della metafora funziona come un traduttore simultaneo, non per parole o concetti razionali, ma per un mondo emotivo che si rende visibile nello spazio dell'interazione tra utente e conduttore.

---

[1] Progetto PRAS Prevenzione Rischio Autolesivo e Suicidario dal 2008 al 2016 - DUP e Fondazione ERIS onlus, Bandi Regionali, Fondi sociali Europei.

In questo scenario è possibile cogliere il significato di uno spazio e di un'attività che rappresentano un'opportunità di relazione, dove per relazione si intende sia quella specifica con il conduttore, basata sul senso di fiducia e di accoglimento, sia quella all'interno di un gruppo dove la persona ha la possibilità di percepirsi come parte attiva vista e riconosciuta dagli altri.

Figura 1 - "Mappa e territorio. Dal Caos dell'oggetto oltre il senso del soggetto". 100 cm x70 cm - garze gessate e stoffa su base in plexiglass. L'opera è realizzata a 'quattro mani' Valentina e Giulia Marzani -2008

Il ruolo del conduttore, nell'ambito dell'atelier, viene definito in termini di accoglienza, flessibilità, ascolto, protezione ed aiuto. L'atmosfera di non giudizio rende possibile trasmettere un senso di sicurezza che consente di sentirsi liberi di sperimentare e creare secondo le proprie possibilità e di lasciare emergere anche ciò che è più difficile accogliere.

Qualsiasi sentire e percepire possono trovare uno spazio sul foglio perché la mediazione dell'esperienza artistica è funzionale al raggiungimento dell'elaborazione di un certo sentire, dal momento che consente di vivere anche le emozioni meno piacevoli in una forma 'accettabile'.

'Emozioni, pensieri, parole, gesti, silenzi, immobilità. Confusione che si dice nel brusio e confusione espressa nel non dirsi. Quiete trovata, quiete persa e quiete cercata. Bisogni, desideri voluti e non voluti. Ascoltare, sentire, sentirsi e non sentirsi. Conoscersi, riconoscersi e non riconoscersi. Protendersi, ritirarsi, confondersi e trovarsi.'[2]

Negli interventi destinati alle persone detenute uno degli aspetti di maggiore attenzione è quello della fragilità dovuta alla detenzione, che può legarsi al rischio suicidario e autolesivo. Segnali quali cambi di comportamento, agitazione e alterazione del tono dell'umore possono essere colti all'interno di un setting, osservandoli trasversalmente attraverso i diversi piani di espressione e va da sé che, dove l'espressione può continuare ad esistere, isolamento e silenzio che rappresentano due indicatori di fragilità trovano una possibile occasione di essere contrastati.

Apparentemente in antitesi alla tematica dell'ascolto in termini di accoglienza, emerge un'altra parola chiave: 'controllo', concetto fortemente presente all'interno del contesto carcerario e declinabile secondo differenti significati relativamente alle diverse sfaccettature della relazione. Questa parola richiama infatti tanto la relazione tra Istituzione e persone detenute, quanto tra Istituzione e operatori, dal momento che chiunque entri in una struttura carceraria deve adeguarsi alle caratteristiche che

---

[2]Tesi di Marzani G. (Anno formativo 2008/2009), *Dall'esperienza dell'oggetto, oltre il senso del soggetto. Riflessioni sull'applicazione di principi e strumenti terapeutici nella conduzione di laboratori di Arteterapia*, Lyceum – Formazione e aggiornamento, p. 94.

normano questo contesto, ma nello specifico dell'intervento di arte terapia occorre mettere in luce come anche il rapporto stesso tra arteterapeuta e utenza debba imparare a convivere all'interno della dialettica tra relazione di fiducia e regole imposte dalla sicurezza.

In un setting di arte terapia, se il rispetto per il materiale è una costante (in quanto rappresenta metaforicamente la cura dedicata a ciò che viene espresso e per traslato alla persona che lo esprime), sicuramente non fa parte delle modalità usuali il controllo del materiale al termine di un incontro.

Nel contesto carcerario questa pratica è invece imprescindibile, in quanto occorre essere certi che nessun materiale (non autorizzato) sia portato al di fuori dell'atelier. Questa misura di prevenzione può apparire a primo impatto come una posizione di sfiducia nei confronti degli utenti, che può minare l'instaurarsi della relazione di fiducia necessaria all'avvio di un percorso terapeutico, d'altro canto è in realtà funzionale ad evitare che persone psicologicamente fragili possano fare del male a qualcuno o a sé stessi, ma non solo, è utile anche a evitare perquisizioni che ledono la dignità della persona (pratica prevista in caso di sottrazione di strumenti ritenuti pericolosi). Per questa ragione, per cercare di superare la sensazione di sfiducia, può essere ad esempio utile coinvolgere l'utenza stessa in questa pratica; contare il materiale insieme ai partecipanti e non dopo la loro uscita consente anche di renderli partecipi e responsabilizzarli verso l'atelier e verso i componenti del gruppo.

Provando a spostare di poco il proprio punto di vista, è possibile cambiare radicalmente il senso di questo concetto. È sufficiente far sfumare il fuoco della prospettiva, facendo evolvere la parola controllo nella parola contenimento per entrare in risonanza con la riflessione di cui sopra.

In un ambito, quello arteterapico, in cui il concetto di maternage assume un ruolo centrale, possiamo immaginare una mamma che accompagni il proprio bambino nel percorso di crescita, attraverso un processo per cui il contenimento su piano fisico, psichico ed emotivo viene passo dopo passo interiorizzato dal bambino stesso, che sarà in grado di preservare da solo la propria sopravvivenza e il proprio benessere. Il processo di interiorizzazione passa quindi dalla presenza di un agente esterno che venga gradualmente percepito, osservato e riconosciuto, fino alla possibilità di integrarlo al proprio interno, rivestendo il suo stesso ruolo. Ma la presenza dell'agente esterno non assume una sfumatura negativa e costrittiva, se non in caso di devianza, e questo perché il passaggio da esterno a interno avviene gradualmente e nel rispetto di ambedue le parti coinvolte.

Questo punto diventa un nodo cruciale nel contesto carcerario in cui gli utenti, attraverso l'esperienza dell'atelier in senso lato (confini fisici e metaforici vissuti attraverso le dinamiche relazionali, le regole e l'espressione creativa) possono sperimentare con una diversa modalità il contenimento, la cui esperienza mancata o disfunzionale può essere individuata come uno dei fattori all'origine della devianza.

Proprio in relazione all'atelier emerge una terza parola chiave: il setting.

Per capire perché ritengo sia un tema cruciale in questo contesto può essere utile prendere in considerazione quali siano le modalità d'impostazione del setting di arte terapia, a partire da queste infatti può apparire evidente quanto la resilienza sia un approccio fondamentale per garantire non soltanto la sopravvivenza dell'intervento, ma l'avvio stesso di questo tipo di esperienza nel contesto carcerario.

L'immagine che per me descrive meglio questo aspetto è quella di un marinaio e di un pilota; entrambe queste figure si trovano in uno spazio che ad un primo sguardo può apparire infinito e privo di coordinate. Quello che consente loro di condurre il viaggio verso una meta sono l'interiorizzazione di una mappa e l'attenta capacità di cogliere qualsiasi segnale nell'ambiente che attraversano. A volte è necessario modificare il tragitto che si era programmato, altre volte si sceglie di velocizzare un passaggio o di soffermare la propria attenzione su qualcosa che non si immaginava di trovare. La consapevolezza della mappa di origine è però quella che permette di poter fare qualche variazione al percorso senza perdersi ed è ciò che consente a chi condivida questo viaggio di partecipare all'esplorazione.

È curioso però oggi ripensare a come sembri importante mentre sei in formazione la ricerca capillare di risposte, che aiutino a incasellare tutti i possibili scenari per sentirsi pronti; poi con l'esperienza capisci che non possono esistere manuali che spieghino l'infinita varietà di contesti e persone. È solo con ascolto, empatia e resilienza che è possibile cercare risposte adattive che permettano di essere presenti.

"Gli incontri devono essere organizzati in uno spazio fisico costante, fornito possibilmente di un armadio in cui custodire i lavori e i materiali artistici. Questa esigenza nasce dalla convinzione che la regolarità, unitamente alla presenza dell'arteterapeuta, aiuti l'utente a riconoscere l'atelier come luogo e momento separati dal contesto, ma soprattutto come un ambiente protetto, in cui potersi esprimere liberamente. Un elemento importante è la presenza di un lavandino all'interno dello spazio, in modo da agevolare la pulizia degli strumenti durante il lavoro e il riordino, momento questo fondamentale per responsabilizzare gli utenti e al contempo rendere possibile il distacco dalle dinamiche vissute nel corso della seduta".

In ambito carcerario la costanza dello spazio è garantita (salvo esigenze specifiche), ma non sempre si ha la possibilità di lavorare all'interno di una stanza. Può succedere di trovarsi in mezzo ad un corridoio dove evidentemente risulta difficile avere un lavandino dedicato, così come disporre di un armadio vicino. Pensando poi alla condizione di tranquillità che dovrebbe favorire il libero fluire dell'espressione e la concentrazione per l'ascoltarsi, è inevitabile sottolineare come in questo contesto non ci si possa mai sottrarre ai suoni che caratterizzano una struttura di reclusione.

Nei reparti dedicati all'accoglienza di persone con un disagio psichico, i detenuti esprimono il proprio malessere utilizzando modalità invasive: urlano e distruggono gli oggetti all'interno della camera di pernottamento a qualsiasi ora del giorno e della notte, ledendo la possibilità di mantenere una situazione di stabilità ambientale e, di conseguenza, impedendo una convivenza 'serena'. Questo amplifica il senso di solitudine già caratteristico della condizione carceraria; paradossalmente osserviamo quindi un contesto in cui il rumore continuo ed esasperato risulta assordante tanto quanto riesce ad esserlo il silenzio.

Se sul piano acustico diventa difficile ottenere una condizione favorevole all'introspezione, ancora di più è impossibile preservare la protezione dallo sguardo esterno, infatti che ci si trovi in un corridoio o in una cella destinata all'attività, può capitare che la porta non possa essere chiusa, oppure di avere le telecamere attive e in ogni caso il personale in servizio può accedere in qualsiasi momento e per qualsiasi ragione (per di più gli agenti cambiano costantemente in base alle turnazioni).

"È consigliabile che il gruppo rimanga stabile e che gli utenti non si allontanino dall'atelier per il tempo della seduta, al fine di evitare che l'atmosfera si incrini.". La caratteristica stessa delle Case Circondariali[3] implica una strutturazione non rigida dei gruppi, al fine di permettere l'inserimento dei partecipanti in base alla tempistica della detenzione e alle priorità dell'equipe segnalante. Dinamicità e flessibilità sono quindi condizioni senza le quali l'intervento non potrebbe prendere avvio[4], peraltro in un contesto di reclusione è immaginabile che momenti come i colloqui con famigliari e avvocati, le telefonate e la gestione della

---

[3] La Casa Circondariale è un Istituto Carcerario dove sono detenute prevalentemente persone in attesa di giudizio o con pene brevi.
[4] Sia per i trasferimenti tra Istituti, sia per i trasferimenti tra reparti all'interno della stessa struttura carceraria.

quotidianità, abbiano priorità sulla partecipazione alle attività e se non si fosse disposti ad accettare questa saltuarietà imposta nella partecipazione, l'accesso sarebbe precluso quasi a tutti.

La strutturazione del gruppo, quindi, è aperta e in continua mutazione. Le persone potrebbero essere presenti ad un solo laboratorio o invece rimanere costanti anche per mesi o anni. Questo approccio ha quindi definito l'intervento in termini di strutturazione di percorsi centrati sull'individuo e sulla sua integrità anche quando calati nel contesto del gruppo.

A quanto detto fino a qui, si aggiunge l'osservazione relativa alla chiusura dei percorsi; in una situazione ideale la conclusione viene preparata con largo anticipo sia in caso di una sospensione momentanea o di una conclusione definitiva. All'interno di questo contesto ciò non è possibile: le scarcerazioni possono essere improvvise e soprattutto le traduzioni da un Istituto all'altro non vengono anticipate per evitare che la persona possa mettere in atto agiti auto o etero aggressivi, mettendo in pericolo sé stesso e gli altri. L'assenza di una chiusura effettiva può però essere vista come un ponte verso il riallacciamento di un rapporto nei casi di recidiva (diventando memoria dei percorsi e custode dei lavori realizzati che possono essere restituiti alla persona anche a distanza di tempo e diventare un punto di nuovo inizio), oppure come un patrimonio comune per superare la "paura del foglio bianco" da condividere con chi si trovi all'inizio di un percorso e possa giovare del rispecchiamento in qualcuno che sia già passato da uno stesso contesto.

IL SETTING AL TEMPO DEL COVID

Il periodo storico che stiamo vivendo ha forzatamente influito su qualsiasi ambito della nostra esistenza, è quindi scontato che anche il setting abbia visto delle modifiche che lo hanno riguardato da vicino.

Nell'arco degli anni e soprattutto con la diminuzione delle risorse, il contesto carcerario ha richiesto il coinvolgimento di un numero sempre maggiore di utenti all'interno dei singoli gruppi (fino a dodici persone). Tale scelta ha comportato una lettura dell'attività in termini occupazionali e una conseguente riparametrazione degli obiettivi progettuali.

L'emergenza COVID ha comportato di rivedere questi parametri e ridimensionare il numero di utenti coinvolti, a beneficio della possibilità di uno sguardo più puntuale. La diminuzione del numero di ingressi giornalieri nelle strutture penitenziarie, della movimentazione tra reparti ed Istituti e delle attività sono infatti fattori che potrebbero consentire una maggiore stabilità dei gruppi. Parallelamente in un gruppo composto da un numero massimo di cinque persone è possibile non solo dare un maggiore spazio all'osservazione dei singoli processi, cogliendo quindi il piano comunicativo latente più ad ampio raggio, ma anche facilitare il momento della verbalizzazione al termine dell'incontro. In questo momento di condivisione, in cui ciascuno porta al gruppo il proprio elaborato potendo scegliere se parlare agli altri delle proprie emozioni, quando il gruppo è meno numeroso e più stabile può essere più facile che si creino le condizioni per aprirsi e sentirsi meno vulnerabili.

Questo ci conduce ad un'altra parola chiave: giudizio.

Il tema del giudizio è insito nel contesto carcerario, in riferimento sia alle vicissitudini personali pregresse, sia al contesto detentivo e risulta strettamente connesso al tema del controllo a cui si è poco sopra fatto riferimento.

Il Giudizio è un concetto che spesso si caratterizza per una velatura negativa, ma facendo un passo indietro, per spogliare il concetto base di questa velatura, in realtà ci troviamo in un'area vicina al tema dello sguardo e del rispecchiamento.

Alla base dell'esprimere un giudizio c'è l'osservazione di quello che abbiamo di fronte e l'interesse a formulare una propria opinione a riguardo.

Il giudizio si carica di aggressività nel momento in cui il confine tra la soggettività del pensiero e l'immanenza del dato di fatto si fa confuso, nel momento in cui la specificità del singolo agito sconfina nella totalità della definizione della persona.

Il carattere perentorio e definitivo del giudizio in tal senso non apre facilmente spiragli di evoluzione, mentre l'espressione di un'opinione rivolta ad un atto (che in senso lato possa anche essere condivisa nell'ambito della società e diventare norma), riesce ad offrire un rispecchiamento capace di conferire tangibilità a quel gesto, pur senza bloccare la persona nella coazione a ripetere lo schema.

È questo il ruolo che competerebbe agli adulti di riferimento nel percorso di crescita della persona, attraverso esperienze educative e relazionali sia nell'ambito familiare sia in quello sociale, implicando quindi di nuovo il tema della graduale interiorizzazione, che conduce all'integrazione nel proprio sé di regole e ideali etici condivisi dalla coscienza sociale.

Si tratta di un punto cruciale nella crescita di chiunque e quando questo percorso presenti delle falle si mette a rischio la possibilità di riconoscere in modo chiaro una linea di demarcazione tra azioni positive e negative, o lecite e illecite.

Questo pensiero potrebbe quindi aprire a numerosi spunti di riflessione su quanto la storia personale e familiare possa avere influito su chi compie reato, ma in questo contesto ritengo maggiormente significativo focalizzare l'attenzione sul ruolo dell'istituzione carceraria, che nella sua veste riparativa dovrebbe avere la funzione di creare un contesto in cui sperimentare questo aspetto, per agevolare la sperimentazione di uno schema differente.

Capita invece spesso che prevalga uno schema secondo cui chi si trovi in carcere è costantemente sotto uno sguardo di giudizio: in tribunale, in istituto, in cella. E dove l'individuo non ha la possibilità di scegliere con chi vivere la propria quotidianità, le relazioni sono significativamente segnate.

A tale proposito può essere interessante riflettere con qualche esempio concreto su come l'attività dell'Arte terapia possa agire in questa direzione.

Una delle caratteristiche del setting è l'atmosfera accogliente dell'atelier finalizzata anche ad indurre la sospensione di giudizio: all'interno di questo spazio non esiste il concetto di bello e di brutto ed è importante che la persona possa riconoscersi più o meno soddisfatta del lavoro realizzato, aprendosi alla possibilità di riconoscere le sensazioni che hanno accompagnato la realizzazione.

Con queste premesse è facile dedurre che all'interno del gruppo lo scherzo possa trascendere e una battuta diventi provocazione, dal momento che spesso in un contesto di reclusione le azioni e le reazioni sono amplificate.

È possibile osservare infatti come anche quando sembri emergere il desiderio di condividere le proprie idee o le proprie sensazioni con l'altro, si imponga con maggiore forza una sorta di difficoltà a mettersi in gioco, dovuta molte volte al timore che i contenuti affiorati e condivisi possano essere utilizzati successivamente all'interno della quotidianità del Reparto.

Abbiamo visto quanto la flessibilità sia un atteggiamento necessario alla possibilità di avviare le attività in un contesto detentivo e questo aspetto ci conduce ad un'altra parola chiave: resilienza, con possibili riferimento ai fattori di protezione e rischio nel lavoro in carcere.

Se all'interno di altri contesti le suggestioni proposte in atelier si propongono di introdurre la simulazione sul piano simbolico di un evento stressante, per lavorare in seguito sul sostegno dei fattori di protezione legati all'inquadramento teorico della resilienza, nella realtà carceraria è il periodo della detenzione stesso, in tutte le sue sfaccettature (assenza di libertà, attesa di giudizio, relazioni con le figure gerarchicamente pari o superiori nella convivenza forzata) che assume le caratteristiche di una situazione di stress. Le caratteristiche del contesto nel quale i detenuti vivono quotidianamente portano inoltre ad un impoverimento graduale dal punto di vista degli stimoli e contribuiscono a generare una involuzione in termini di inattività e sedentarietà. Le attività trattamentali inserite in questo ambito possono quindi essere configurate come occasioni in cui sperimentare forme di risposta adattive. In tal modo diventa possibile attribuire a questo periodo un senso ed un valore, anziché considerarlo un periodo che porta la persona a sospendersi dalla propria vita in attesa dell'uscita.

Fra le maggiori finalità dell'arte terapia annoveriamo la possibilità di trasformare il tempo della pena in un tempo che possa essere vitale, costruttivo, di crescita, di riflessione e di accompagnamento verso il cambiamento. Questo processo, inserito in un contesto protetto e di contenimento fa sì che si carichi di risvolti positivi, riconoscendo come, nell'ottica della sperimentazione di una relazione 'sana', sia lo stesso entrare in contatto con le sensazioni originate dallo stress a determinare una prima condizione per il benessere dell'utente.

Infatti, la creazione artistica permette di per sé una riduzione della carica emotiva che accompagna l'esperienza di ciascuno, rendendola socialmente più accettabile.

La risposta resiliente di un soggetto può aumentare o diminuire nel tempo, quindi, anche attivarsi nel corso della vita attraverso la sperimentazione di piccole esperienze positive (relazioni di fiducia, successo personale, ecc. ...) che possano costituire un primo punto di rottura, stimolando un nuovo apprendimento e un nuovo stile di risposta ad eventi che altrimenti produrrebbero una risposta disfunzionale.

Attaccamento positivo, empatia, abilità comunicative, socializzazione, auto/eteroregolazione, indipendenza, capacità di pianificazione, insight, creatività, socializzazione, locus of control, autoefficacia, autostima, umorismo, coping, sono fattori di protezione che vengono presi in considerazione e stimolati nell'intervento di arte terapia.

All'interno del setting si possono creare situazioni in grado di generare stress e frustrazione nelle persone, come l'assenza di un materiale desiderato e la difficoltà nell'impiego di alcuni materiali o a far coincidere la realizzazione con l'idea iniziale; vivere queste situazioni in un ambito protetto e non di solitudine può consentire di attivare delle strategie nei singoli finalizzate alla risoluzione del problema. È proprio attraverso il superamento del limite e la creazione artistica che è possibile individuare le dinamiche per potenziare la concezione di "sé stesso": grazie alla scoperta della propria creatività il soggetto può raccontarsi, ricrearsi, riconoscere sé stesso come entità in grado di lasciare una traccia. Durante i percorsi la persona può ricercare, sperimentare ed esprimere contenuti personali, idee, sogni, desideri, emozioni, paure, rabbia, delusione, esporsi quindi interamente, alla ricerca del proprio senso di identità, per riflettere sulle proprie reali caratteristiche ed esigenze, sul proprio spazio di decisione. Uno spazio di libertà espressiva e comunicativa in cui, attraverso il linguaggio artistico, l'uso sperimentale e giocoso dei materiali artistici, la libertà di scelta ed esecuzione, la persona può ricercare un momento di benessere, di sfogo e/o di riflessione.

A fianco di questo è tangibilmente percettibile come la creatività e la pianificazione, tradotte in oggetti fisici, possano assumere il ruolo di un rispecchiamento di una parte sana di sé, attraverso il riconoscimento della propria soddisfazione di fronte a quanto realizzato. A livello inconscio si innesca un processo di rafforzamento della consapevolezza di essere in grado di dar vita a 'qualcosa' di positivo.

Questo non può ancora essere considerato in termini di una capacità acquisita e applicabile ai contesti di vita quotidiana, tuttavia, rappresenta una prima forma di esperienza di tale capacità, aprendo la strada ad un suo futuro sviluppo.

In fondo, in un tempo che non si sospende ma rallenta nella sua percezione, in un luogo in cui tutto appare con tonalità meno vivide e si è costretti a 'sostare' nella penombra, in un contesto in cui la lontananza di ciò che è all'esterno può far sfuggire il contatto con la realtà, è invece possibile provare ad aprire sguardi verso l'interno che, attraverso il racconto e la condivisione, traccino la strada nella costruzione di collegamenti L'espressione e nello specifico dell'esperienza arteterapica il lavoro artistico possono allora divenire ponti metaforici fra l'interno del carcere e il mondo esterno.

Figura 2 -- Disegno 1 Nicola 2004

Figura 3 - Disegno 2 Michele 2004

Bibliografia

Beebe, B. - Lachmann, F. (2003), *Infant Research e trattamento degli adulti – Un modello sistemico-diadico delle interazioni*, Raffaello Cortina Editore, Milano, 2003;

Christie, N. (2001), *Oltre la solitudine e le istituzioni. Comunità per gente fuori norma. Elèuthera*

Crepet, P., Florenzano, F. (1989) *Il rifiuto di vivere. Anatomia del suicidio*, Editori Riuniti, Roma 1998;

Orange, D. M. - Atwood G. E. - Stolorow R. D. (1997) *Intersoggettività e lavoro clinico*, Edizioni Cortina, Milano 1999;

Politiche e servizi sociali, Bartolini M (2005). *"Per non morire di carcere. Esperienze di aiuto nelle prigioni italiane tra psicologia e lavoro di rete. A cura di G. Concato, S. Rigione, FrancoAngeli, Milano, 2005;*

Ravasi Bellocchio L. (2005), *Sogni senza sbarre Storie di donne in carcere*, Raffaello Cortina Editore, Milano, 2005

Stern, D. (2004), *Il momento presente in psicoterapia e nella vita quotidiana*, Raffaello Cortina Editore, Milano, 2005;

Volli, U. (1998), *Una scrittura del corpo*, Stampa Alternativa, Roma;

Tesi

Calamai C. *I soggetti del trattamento. Aspetti normativi e sociologici Tesi depositata presso il Centro di Documentazione "L'altro diritto", fondato nel 1966 presso il Dipartimento di Teoria e Storia del Diritto dell'Università di Firenze;*

Cardini R. *Luoghi eterotopici ed istituzioni totali: l'evoluzione della terapia tra pratiche disciplinari e culture di margine.*

Università degli Studi di Milano, Facoltà di Lettere e filosofia, Corso di Laurea in Lettere Moderne, 1999/2000

***Marzani G.** Dall'esperienza dell'oggetto, oltre il senso del soggetto. Riflessione sull'applicazione di principi e strumenti terapeutici nella conduzione di laboratori di Arteterapia Formazione Triennale in Arteterapia Clinica VITT3, Lyceum – Formazione e aggiornamento 2008/2009*

Dispense

*Introduzione all'Arteterapia, a cura di **Impegnoso, E.**, A.S.P.R.U. Risvegli, Milano 1999;*

*Il corpo e i suoi vissuti, a cura di **Corbella, S.**, Milano, 2006*

Biografia

Valentina Marzani - L'interesse per il linguaggio artistico espressivo inizia nell'infanzia e approda al diploma di laurea in Pittura, presso l'Accademia di Belle Arti di Brera.

Nel corso di questa formazione, durante l'esperienza Erasmus a Granada, si avvicina all'ambito dell'Arte terapia, affascinata dalla possibilità di una compenetrazione del linguaggio artistico con quello della relazione terapeutica.

Frequenta quindi il Corso triennale in Arte terapia, presso l'Associazione A.S.P.R.U. Risvegli Onlus di Milano e proprio durante uno dei2 tirocini formativi, pone le basi dell'esperienza di conduzione in ambito carcerario.

Dal 2004 lavora come Arteterapeuta in ambito penitenziario e sul territorio, parallelamente si occupa di progettazione sociale e formazione, attraverso i ruoli ricoperti all'interno delle azioni di Calimera S.a.s. e Associazione Calimera, delle quali è cofondatrice.

marzanivalentina@gmail.com

IL GRUPPO COME UN "CONTENITORE BUONO"

Il vissuto individuale traccia la memoria di un gruppo: la Storia di Valerio

di Ilaria Meroni

Prima della storia di Valerio mi accorgo che c'è la mia storia che entra in carcere, accede con me tutte le volte che cerco di abitare quel luogo. Ormai sono diversi anni che porto la mia professione di arteterapeuta e danzamovimentoterapeuta all'interno della Casa Circondariale di Monza, inizialmente con progetti di volontariato e successivamente finanziati direttamente dal D.A.P. (Dipartimento Amministrazione Penitenziaria); infatti, negli ultimi anni i diversi percorsi che conduco fanno parte del Progetto d'Istituto, inseriti nelle attività trattamentali.

Tornando a me…

Entrare e Uscire…
Andare e Sostare…
Sentire il rumore assordante della porta che si chiude dietro di te e
guardare aprire un'altra porta davanti al tuo volto…
L'incontro di chi ti permette il passaggio e
la Durezza di chi te lo vieta…
I lunghi viali da percorrere che spingono lontano,

intravedere, percepire e

la piccolezza della cella che interrompe lo sguardo…

I Volti marcati dalla fatica e i Corpi segnati dalla deprivazione…

E poi…

E poi…

Sei "dentro" con loro!

Dopo l'attraversamento di un ultimo lungo corridoio…

sei in un attimo in uno spazio nuovo,

dove l'incontro con l'arteterapia e la

danzamovimentoterapia crea passaggi ed   emozioni

differenti.

Ed io con loro,

tra immagini e corpi in movimento,

e pian piano diventa un viaggio di scoperta, che si

apre e si chiude,

apparentemente con l'apertura e la chiusura delle loro

celle…

ma se guardi e ascolti bene,

ti accorgi che non è così…

Qualcosa d'invisibile si muove.

Qualcosa d'invisibile lascia tracce riempite da colori.

Il corpo crea movimenti ormai dimenticati e

i detenuti ritornano "Persone".

Persone Visibili!

Una combinazione continua di immagini e movimenti, materiali e stimoli, arte e musica, consente alle emozioni di poter emergere e di essere vissute e contenute.

All'interno di un gruppo terapeutico prende forma l'esperienza di "contenitore buono", là dove su contenitori, limiti, divieti, e chiusure si fonda il vivere quotidiano.

Il vissuto dei diversi incontri diventerà il tessuto, testimonianza di un percorso che pian piano ha tolto dall'immobilità e ha fatto superare i confini di quel contenitore "cella" da cui il detenuto prende sempre più la forma, spersonalizzandoli totalmente, a partire dal corpo.

Un "grande cerchio" che creandosi ha reso possibile il percorso di ogni partecipante, esplorando il tema di confini e di spazio.

Quello spazio "chiuso e aperto", "vuoto e pieno", e quei confini che ti permettono di stare "dentro e fuori", di sentirti parte di un gruppo e di ritornare a sentirti completamente solo, aspetti comuni ad un percorso di arte terapia e alla vita detentiva.

Superare il confine di quello "spazio" che fa prendere una forma obbligata alla nostra mente, al nostro corpo, che ci permette di guardare fuori sempre e solo da un minuscolo e rigido "rettangolo".

Superare l'immobilità data da una serie di limiti, di divieti, di impossibilità, di rigidità che la detenzione ci costringe a vivere.

Immobilità data dalla vergogna e dal senso di colpa, dal "non essere visti", dal "non essere ascoltati", dal "non essere più…nulla", neanche un deviante.

Semplicemente in carcere non si è più!

"Oltre il confine" c'è una possibilità di incontro autentico in uno "spazio", in un "contenitore" nuovo che permette di entrare in contatto, di percepire, sentire, guardare ciò che l'esperienza artistica e di movimento restituiscono alla persona, tutto costituito dal setting terapeutico.

Il contenitore terapeutico crea nuovi confini, nuovi limiti capaci di tutelare e proteggere con modalità e caratteristiche differenti rispetto a quelle a cui il detenuto è costantemente sottoposto.

Si "apre" la possibilità di uno spazio emotivo dove immagini e movimenti riprendono forma, restituiscono la pelle, l'involucro a Valerio, al gruppo messo ai margini e spogliato della propria capacità di sentirsi e percepirsi vivi.

Entrando e uscendo da questa esperienza "buona" il gruppo inizia a fidarsi, si lascia condurre e crea un canale comunicativo differente.

Il gruppo sostiene, aiuta, legittima e crea una rete sufficientemente buona per esplorare emozioni, vissuti, movimenti, immagini inespresse, chiuse dalla fatica e dall'angoscia della detenzione.

I confini dello "spazio di arte terapia" sono connotati da vissuti e tessuti differenti, offrendo la possibilità di stabilire legami emotivi per uscire dall'isolamento, dall'immobilità della cella e della struttura carceraria.

Osservo pian piano nascere nel gruppo e in Valerio un senso di "pieno", di "buono", di "dentro", di "aperto" attribuito al vivere lo spazio terapeutico, mediato dall'emergere delle immagini, dei movimenti che prendono forma nel nuovo confine.

E nello stesso tempo, dopo aver fatto esperienza, percepisco la fatica di rientrare in quel "contenitore" vuoto, freddo, chiuso e tanto rigido da non dare spazio a nulla, se non alla solitudine, alle angosce e disperazioni.

A luglio 2014 all'interno della Casa Circondariale di Monza si crea il gruppo di arte terapia e danzamovimento terapia e conosco Valerio.

La sua presenza rimarrà costante fino a fine ottobre 2015, quando lo saluto in prossimità della sua scarcerazione.

Lui, uomo pregiudicato, politossico, con diverse patologie sanitarie connesse. Una storia segnata dall'uso di sostanze, reati e vita carceraria.

Dentro e fuori dal carcere emerge la sua fatica di seguire con costanza ed impegno percorsi di cura, si susseguono così, esperienze fallimentari e rifiuti rispetto agli aiuti proposti.

Durante la vita detentiva, vive momenti di apparente tranquillità, alternati a momenti di forte depressione, accompagnati da importanti agiti auto lesivi ed episodi di tentato suicidio. Il carcere è il luogo dove si riconosce, dove può vivere con una struttura intorno a sé e dove si sente di appartenere a una determinata categoria. All'esterno tutto si perde, lui stesso si perde.

Io, arteterapeuta e danzamovimentoterapeuta con il grande desiderio di iniziare questo viaggio di scoperta e di proporre un'esperienza espressiva come mezzo di cura, all'interno di una struttura altamente controllata. Accompagnare, sostenere, creare nuovi confini con basi sicure, a disposizione di chi avrei incontrato all'interno di questo percorso.

Lui ed *Io* iniziamo a far parte di un gruppo, conosco la sua storia incontrandoci settimana dopo settimana, tutti i martedì mattina.

Il gruppo diventa per Valerio lo "spazio", dove sentirsi protetto e riconosciuto, dove approdare tutte le settimane come un rito e dove si concede di potersi narrare.

In Valerio trovo la memoria di questo gruppo, e attraverso di esso si è concesso la possibilità di un personale percorso di trasformazione.

Trasformazione nata prima di tutto nell'atteggiamento e nell'impegno: a differenza del passato, non è incostante, la sua partecipazione è attiva, durevole e positiva per il gruppo.

Quando ha percepito di potersi fidare e lasciarsi andare in un *"contenitore buono"*, lo spazio, il tempo e i confini propri del contenitore, gli permettono di appoggiarsi ad una base sicura per prendere contatto con sé stesso e sentirsi contenuto.

Nonostante, inizialmente, appaia tenuto e incastrato nelle regole della detenzione, tendendo a nascondere i propri stati d'animo, si concede delle piccole e significative espansioni della forma del suo corpo e delle sue immagini, dando voce e visibilità alla sua storia personale, alle ferite ed alla scarsa percezione di sé.

Valerio ricostruisce con un ritmo molto lento la sua storia, dalla rigidità iniziale alla fluidità, dall'essere invisibile (nei movimenti, nella parola, nel tratto tremolante) al rendersi visibile, dall'essere scivoloso, sfuggente e schivo a divenire più consistente e corporeo.

Pian piano, dimentica e abbandona sempre più quell'angolo di partenza formato dall'unirsi delle due pareti della stanza, dove verbalizza *"mi sento protetto, sicuro e ti vedo"*, dove comunica la sua necessità di protezione, di avere gli altri partecipanti davanti a sé, di avere lo sguardo verso un riferimento e in quel punto dice di non provare paura e di non sentirsi inadeguato.

Lo sguardo, i movimenti e la traccia artistica non solo prendono corpo e forma, ma si modellano continuamente, sente di nuovo un tempo interno dettato dall'alternarsi dell'energia e della quiete, esplora lo spazio e le sue diverse direzioni, cambia sia l'utilizzo dei materiali e la dimensione del supporto, esce da un flusso bloccato e tenuto per entrare, sia con i materiali che con il corpo, in un flusso più indulgente e libero, (Laban, 1999).

Il suo sguardo vede il gruppo, attraverso il continuo condividere e riconoscersi negli altri può iniziare a vedere sé stesso. Il suo vedersi è solo ed esclusivamente come detenuto.

Esce dall'inibizione, dalla vergogna di non essere adeguato, di essere stato solo in grado di sbagliare, per ricostruire un tracciato di parti buone e sicure e metterlo in condivisione con gli altri.

Spesso, inizialmente, il suo lavoro corporeo ha avvio da una lunga sperimentazione ed esplorazione interiore, personale ed individuale, lasciando poco spazio alla relazione con gli altri, che emerge quasi esclusivamente al momento della verbalizzazione e condivisione delle immagini da lui create.

Col passare del tempo, non solo le immagini danno testimonianza della presenza di un gruppo, di cui si sente parte e di cui traccia i legami costruiti, ma anche nel movimento cerca agganci e possibilità di comunicazione.

Vuole, cerca e si concede alla relazione con gli altri, porta il suo sentire personale nel gruppo, sente di poter costruire pian piano dei legami più sani, dove anche lui è portatore di aspetti buoni e positivi.

Legami sani, di cui fa esperienza quasi esclusivamente all'interno del gruppo e del setting.

Diverse sono le relazioni create all'interno della vita carceraria, costruite su rapporti strani, poco chiari, basati sul ricatto su manipolazioni e falsità.

Valerio nel gruppo, e grazie ad esso, percorre un viaggio di scoperta e di trasformazione personale, ma nello stesso tempo, il gruppo, si modifica anche attraverso i suoi cambiamenti e la sua presenza costante.

Valerio diventa "testimone" di uno spazio intimo, custodito e fuori dai soliti confini.

Proprio alla fine di un incontro Valerio verbalizza:

"Ognuno di noi è diventato fondamentale per l'equilibrio e l'andamento del gruppo, e ogni volta che un elemento viene a mancare il gruppo ne risente.

Io sento fortemente il vivere di questo gruppo e del percorso che stiamo facendo dentro di me, la mia grande fatica è cercare di trattenere e di trasportare il più possibile la positività e questo senso di benessere ogni volta che torno verso la mia cella e che mi riconsegno ai codici interni tra detenuti e alla costrizione e privazione della vita detentiva."

IL MOVIMENTO SI TRASFORMA IN TRACCIA-ARTISTICA

Valerio percorre questo viaggio di trasformazione attraverso il suo corpo e le sue immagini, come se fossero passi che si susseguono uno accanto all'altro.

Molte immagini ed elaborati creati emergono dopo il movimento, dove non solo il muovere arti e muscoli fanno parte dell'esperienza corporea, ma esiste un sentire ed un provare che vengono evocati nel contenuto dell'arte.

Lento e rigido si muove il corpo di Valerio all'interno dello spazio.

Un corpo inizialmente senza espressività, semplicemente un involucro, privo del sentire i propri contenuti, per paura, insicurezza, debolezza, che determina in tal modo movimenti ripetitivi e senza energia.

Nella memoria di eventi traumatici il corpo è: frammentato, inibito, contiene e manifesta sofferenza.

Un uomo di media altezza e corporatura, con un volto semplice, nessun tratto espressivo marcato, ma con uno sguardo fisso, immobile, congelato, che si intravede dai suoi piccoli occhi.

Mi colpisce come la parte superiore del suo corpo così strutturata e solida, appoggi su gambe così fragili, non tanto perché magre ma per la loro poca tonicità: spesso tremano e non danno sicurezza. Appare così un'immagine scissa, separata tra sopra e sotto, tra dentro e fuori.

Inizialmente, vedo Valerio chiuso in un corpo teso, tante sono le tensioni fisiche, muscolari ed emotive, ormai croniche, che gli impedisco di dare definizione ai confini corporei.

Successivamente, si manifesta nel tempo, una presa di contatto meno difensiva nei confronti del suo corpo e dei vissuti ad esso connessi.

Silenzioso, nel muoversi, quasi fantasma, senza peso e poche le parole, espresse, condivise e quasi sempre bisbigliate.

Questo è come si presenta, durante il primo periodo di conoscenza, poi Valerio mi offre la possibilità di osservare e viverlo nel gruppo in modo differente.

Il suo lento trasformarsi lo conduce ad una presa di contatto "sufficientemente buona" con il proprio corpo e con le sue diverse parti, iniziando a sentirlo come un luogo vivo da abitare e non da lasciar sopravvivere alle sole funzioni primarie.

Lentamente, allenta le sue difese, dà un contenuto emotivo al movimento, avvia un processo d'integrazione del senso di Sé. Il cambiamento è nel suo corpo, nel suo gesto (più indulgente), nell'emergere di diverse espressioni facciali e il suo sguardo comincia ad esistere, si colora, si appoggia vicino e lontano da lui. Trova forme nuove per il suo corpo (aperte ed allargate) iniziando a percepirlo come contenitore più integro e stabile.

Attraversa la rabbia, l'aggressività, la commozione, la fragilità, la gioia e la contentezza, sente queste emozioni ed affetti nel corpo, li manifesta e li rende condivisibili nello spazio comune, imparando a modularle verso l'esterno.

Valerio conclude uno dei nostri incontri condividendo con il gruppo questo suo pensiero:

"...è nel movimento che ho scoperto, è nelle immagini che creo,

è nelle emozioni che di nuovo sento e vivo,

è nel mio malessere che vedo con modalità differenti, è nel mio rilassarmi e stare bene,

è qui, in questo spazio,

che sono davvero fuori da quella cella..."

TRACCE, FORME ED IMMAGINI

"L'immagine creata in arte terapia incarna pensieri ed emozioni.

...costruisce ponti che uniscono realtà interiore ed esteriore.

Il processo creativo dà forma a ciò che fino a quel momento era inesprimibile."

C. Case e T. Dalley

Ogni volta, Valerio prende posto nello spazio senza fretta. È tranquillo, non invade lo spazio altrui e non sente la necessità di scegliere un luogo preciso dove potersi fermare a creare le sue immagini.

Durante l'intero percorso, lo osservo realizzare silenziosamente il suo elaborato, entrare in contatto con la sua opera e spesso desiderare ancora del tempo per poter perfezionare e definire come lui vorrebbe. Nel momento di arte terapia non esita, non si trova mai impacciato di fronte al foglio scelto, sembra aver chiaro dentro di lui ciò che deve emergere, affronta il suo creare con meno fatica, meno imbarazzo rispetto al movimento e si costruisce il suo piccolo luogo sicuro per poter trasferire su carta il suo vissuto.

Tutto questo accade fin dalle prime volte, e quando termina, si allontana spesso dal foglio, guarda la sua opera con incredulità, come se non si capacitasse di averla creata lui.

Si stupisce perché scopre di saper fare delle cose che non immaginava, e nello stesso tempo perché è così immerso nell'esperienza estetico-sensoriale (con modalità a concentrazione corporea, come la definisce M. Della Cagnoletta, 2010) da non rendersi conto mentre produce, di ciò che sta realizzando. Vede la sua opera solo quando si distanzia da essa.

Condivide con il gruppo il suo sentire e ciò che emerge dalle sue immagini è verbalizzato con un filo di voce. Quella voce così tremante come il suo tratto artistico mentre imprime il colore sul foglio, ma anche così desiderosa di venire alla luce, di poter raccontare senza vergogna e senza timore di essere giudicato di nuovo sbagliato e "non capace".

Sceglie supporti sempre molto leggeri e spesso della stessa dimensione, solo in alcuni passaggi o al termine di alcuni vissuti corporei (es: relazioni di contatto e significative con il gruppo) sceglie fogli più grandi.

La consistenza fragile, sottile del foglio, mi rimanda per l'intero percorso, alla sua fragilità interiore ed esteriore, al suo muoversi incerto e tremolante sia in un piano bidimensionale che tridimensionale e fa emergere la sua frammentazione interna, costruita con il susseguirsi di esperienze che non si sono evolute ed integrate nei passaggi di crescita.

La base, il supporto da lui scelto, parla delle sue basi, insicure, limitate e con scarsi modelli di attaccamento.

La traccia gli permette di creare e produrre "memoria", vedere finalmente le sue parti interne (emozioni) e le sue parti esterne (corpo).

Spesso, verbalizzando i suoi elaborati ha esclamato: *"ho creato un collegamento"*.

Valerio non crea solo dei collegamenti tra il "dentro" e un "fuori", attribuendo all'opera una funzione di ponte o medium tra i due mondi, ma anche un collegamento tra parole, come una sequenza ed un album fotografico che testimonia un momento.

Mettendo insieme foto, ed immagini, costruisce una narrazione, quindi anche un collegamento tra passato-presente e, forse, futuro.

Passaggi a volte impossibili per le persone con traumi evolutivi ed esperienze traumatiche di vita.

Riporta nei suoi elaborati artistici l'esperienza corporea; quest'ultima gli permette di risvegliare e nutrire una parte creativa di sé, che dà origine ad un nuovo processo, denso di emozioni, sensazioni ricordi e scoperte (M.Fux, 1996).

Anche l'uso dei materiali e dei colori, restituisce forma, permette di vedere e dare continuità, non solo tenendo insieme parti di una stessa persona ma collegandole, vivendo un percorso di ridefinizione e di cambiamento.

Proprio nel passaggio da materiali duri, secchi, facilmente controllabili, prevalentemente matite e pennarelli, utilizzati nel primo periodo, manifesta disagio, incertezza, paura ed un senso di frustrazione quando, durante un incontro decide di passare all'uso di materiali fluidi, morbidi meno strutturati come gli acquerelli prima e la tempera successivamente (M. Della Cagnoletta, 2010).

Vive un'esperienza inaspettata entrando in contatto con l'elemento acqua e l'uso dei materiali fluidi; sente l'insuccesso, la delusione e non riesce inizialmente, a trovare la giusta quantità per evitare di disperdere il colore e di bagnare eccessivamente il foglio.

Quest'esperienza risulta essere spiacevole per Valerio, gli manca un senso di contenimento e sente paura di perdere i contenuti interni del proprio corpo.

Il materiale conosciuto e facile da utilizzare gli permette di controllare le sue emozioni e di avere delle piccole certezze che possano rassicurarlo, ma nello stesso tempo non gli concede di entrare in contatto con quella parte più profonda che continua a creare angoscia e che non è ancora il momento di far emergere.

Negli elaborati iniziali c'è il tentativo di imprimere sul foglio ciò che il corpo in maniera spesso controllata e rigida inizia a vivere ed esplorare. Anche solo piccole scoperte corporee, fanno emergere colori, danno direzioni diverse nello spazio-foglio e raccontano di uno o più movimenti

Le immagini create, sono molto semplici, fatte con cura e tenendo insieme il più possibile gli elementi che pian piano emergono nelle varie esperienze. Inoltre, tracciano il passaggio dalla rigidità del corpo alla possibilità di abbandonarsi ad un movimento più libero.

Da diversi elaborati si intravede quanto Valerio sia pervaso da un vuoto interno, dal suo essere completamente senza appoggi, senza una base (figure sospese), che lo sostenga e gli permetta di potersi sollevare: non c'è possibilità di un'interiorizzazione di ciò che è, perché sembra non esistere nulla, non esserci una struttura interna sufficientemente organizzata per poter contenere qualsiasi cosa, né un ambiente che lo possa "definire".

Le diverse esperienze traumatiche e l'isolamento dato dalla detenzione hanno creato un "vuoto" interno, generando l'impossibilità di percepire i propri pensieri, le proprie emozioni e la possibilità di relazionarsi con un mondo esterno.

In Valerio non esistono legami affettivi primari, che hanno potuto creare un terreno certo e sicuro: infatti emerge lo stato di incertezza, di angoscia e di solitudine.

L'utilizzo degli acquerelli e delle tempere emerge in un momento particolare, dove inizia a sentirsi capace di poter far parte di un gruppo con cui crea dei legami.

Attraverso linee che si intrecciano e mandala porta nei suoi elaborati il vissuto del suo movimento all'interno del gruppo, entra ed esce nella relazione con l'altro senza avere timore.

Inoltre, nasce la possibilità di identificarsi e di differenziarsi all'interno del gruppo, attraverso un continuo lavoro di rispecchiamento e di differenziazione (P. Pallaro, 2003).

Si immerge nella creazione di immagini che rappresentano il grande gruppo, permettendosi sia di stare dentro che di allontanarsi per far emergere alcuni aspetti della propria personalità.

Contemporaneamente iniziano ad affiorare elaborati che lo rappresentano in una figura umana differente da quella iniziale: più solida, con una percezione e consapevolezza di sé più definita.

Una figura umana che contiene vissuti, dolori, sofferenze chiusi ed intrappolati da troppo tempo. Queste immagini inizialmente lo mobilizzano e gli fanno paura, troppo forte il contenuto emotivo delle sue esperienze vissute, ed è solo dando significato ad alcuni elementi che fanno da contorno alla sua figura che sente di trovare un po' di serenità: la colomba simbolo di libertà e di volo verso il cambiamento e la chiave simbolo dell'accesso e dell'apertura ad un periodo di trasformazione, che lui stesso definisce essere il percorso all'interno del setting di arte terapia e danzamovimento terapia.

Successivamente sente l'esigenza di scegliere un foglio più grande del solito, decidendo di utilizzare la tempera e creare un'immagine di passaggio e significativa del suo personale percorso detentivo. Rappresenta le sbarre della sua cella.

Occupando l'intera superficie del foglio, traccia le sbarre cambiando colore, partendo da un colore molto intenso, come il nero e passando ad un colore più chiaro tracciato dal giallo.

Nella parte gialla appaiono delle forme circolari, come per indicare un "gioco di gruppo". Raccontando il suo lavoro, distingue le sbarre tracciate dal nero come i momenti più duri della detenzione, la paura, la sofferenza psichica e fisica, utilizza il blu per esprimere la solitudine, il verde gli restituisce a tratti la speranza, vicino alle sbarre di color giallo che simboleggiano il suo sentirsi vivere in trasformazione da quando all'interno della sua vita detentiva inizia questo percorso di arte terapia e danzamovimento terapia.

Nella parte gialla appare il gruppo di cui si sente parte, lo definisce: *"un gioco di relazione tra i vari membri"*.

Nonostante ci siano le sbarre che separano e dividono, nel vivere e sperimentare il gruppo questa divisione assume una connotazione differente.

Può essere vista come una *"griglia"*, forse per iniziare a mettere ordine e avvicinandosi il momento della scarcerazione, poterla riempire di qualcosa di diverso (esperienze positive).

Rimanda anche alla "trama" di un tessuto, alla storia della sua detenzione, tracciandone così memoria.

"Quando vivo il mio corpo, i miei stati d'animo e coloro, dipingo forme diverse, non sento di essere

Figura 4

chiuso in un luogo, faccio esperienza di piccole sensazioni di libertà e di sollievo dalla realtà che mi circonda e mi contiene.

Figura 5

Tutto ciò accade all'interno del nostro spazio, solo qui, mettendomi in relazione con gli altri attraverso modalità differenti, scoprendomi diverso ogni volta." V.

Con l'avvicinarsi del giorno della scarcerazione appaiono diverse immagini, tutte create con una forte dominanza corporea, non si intravede distinzione tra lui e la sua opera, sembra avere il bisogno di trovare una certa intimità e connettere le proprie emozioni per raccontare ancora qualcosa di sé e della sua storia.

Racconta anche la paura del "fuori", di essere schiacciato e soffocato dalle sue emozioni che non sa attualmente gestire, sente il bisogno di creare un confine che lo mantenga all'interno, dove può ancora muoversi e sperimentarsi e sentirsi al sicuro.

Le immagini sembrano essere di preparazione alla creazione dell'immagine finale: il passaggio da un continuo fondersi di forme ondulate, di spirali, di colori in movimento che coprono l'intera superficie del foglio, ad un elaborato dove lo sguardo viene catturato da un fluire di un fiume e dalla creazione di due sponde, dove gli argini sono ben marcati e accompagnano il corso dell'acqua da un'intensità maggiore ad una più tenue.

Gli argini separano, dividono, ma incanalano, anche, il fluire e permettono un margine di sicurezza.

Il percorso e la vita detentiva da una parte e dall'altra la vita che sarà. Nello stesso momento si può trarre simbolicamente il tentativo di iniziare ad attuare un processo di separazione tra il qui ed ora e il futuro, ormai prossimo.

Nella verbalizzazione del suo lavoro finale, è evidentemente emozionato, incredulo del suo percorso e grato verso il gruppo che lo ha sostenuto nei momenti più difficili, che lo ha riconosciuto come riferimento durante l'intero cammino costruito insieme.

Ricorda l'incontro in cui con la carta velina bianca ha creato un cuore, e mi chiede di poterlo pensare come messaggio finale, spiegandomi che al suo cuore, alle sue emozioni più profonde e nascoste in esso, è arrivato l'intero viaggio di scoperta attraverso l'arte terapia e la danzamovimento terapia.

Il corpo ha preso forma, seppur con un materiale fragile come la velina, che può rappresentare lo sciogliere della rigidità, delle difese più resistenti, arrivando così alla parte più intima di sé: il cuore e le sue emozioni.

Figura 6

Con la creazione del cuore, appare un'immagine tridimensionale, possibilità di un nuovo inizio.

Valerio riattiva un contatto non solo con il suo corpo, ma anche con un mondo interiore dal quale si era spesso dissociato, se non per far risuonare emozioni negative e distruttive.

Sento che questo lavoro è testimonianza di come l'integrazione tra l'arte terapia e la danzamovimento terapia possa funzionare come percorso di riscoperta, di sostegno e di trasformazione in una situazione caratterizzata non solo da problematiche legate alla carcerazione ma anche da disturbi del Sé, dei confini e della propria immagine corporea.

L'uso del movimento e l'arte terapia hanno riattivato le energie creative latenti, nascoste, e nello stesso tempo sono state funzionali ad un processo di presa di coscienza e consapevolezza, non solo in termini estetici dell'immagine ma anche per ciò che concerne un nuovo modo di percepire sé stessi in relazione con lo spazio e con gli altri, consentendo così di attraversare e superare fasi buie e depressive.

Ripercorrendo il vissuto di Valerio e del gruppo, attraverso l'uso del movimento e dei diversi materiali, è stato possibile dare definizione di nuovi confini corporei, più solidi e stabili: entrando in contatto col corpo, l'immagine di Sé si è delineata con contorni più visibili.

Da corpi *inanimati,* vuoti e non appartenenti a sé stessi, a sentire il proprio corpo e sentirlo riempito di *un'anima*, in un luogo dove troppo spesso proprio quest'ultima non trova spazio.

Quel *"contenitore buono"* ha dato definizione e restituito confine al corpo di ognuno di loro, ora in grado di poter ricominciare a contenere qualcosa.

Bibliografia

Case, C. & Dalley, T. (2003) *Manuale di arte terapia, Cosmopolis.*

Della Cagnoletta, M. (2010) *Arte terapia: La prospettiva psicodinamica, Carrocci Faber.*

Di Quirico, A. (2012) *Lasciare parlare il corpo, Magi.*

Fux, M. (1996) *Frammenti di vita nella danzaterapia, Pixel.*

Laban, R. (1999) *L'arte del movimento, Ephemeria.*

Schermer, V. L. & Pines M. (1998) *Il cerchio di fuoco: Affetti primitivi e relazioni oggettuali nella psicoterapia di gruppo, Cortina.*

Schore, A. N. (2008) *La regolazione degli affetti e la riparazione del Sé, Astrolabio.*

Biografia

Danzamovimentoterapeuta, Arteterapeuta, Educatrice e Psicologa in formazione.

Esercita e approfondisce la pratica dell'improvvisazione di danza e l'attenzione al mondo dell'arte come mezzo educativo, terapeutico ed espressivo, frequentando nel 2007 la Formazione in Danzamovimento terapia con Metodo M. Fux.

Accosta ad esso un approccio artistico che l'avvicina alla Scuola di Arte terapia, presso Art Therapy Italiana, dove successivamente consegue nel 2015 un Master di specializzazione in Arte terapia Clinica ad orientamento psicodinamico.

Nel 2017 presso la stessa sede intraprende una seconda formazione in Danzamovimento terapia ad orientamento psicodinamico, secondo R. Laban - J. Kestenberg.

Dopo una formazione come educatrice, nel 2021 riprende gli studi iscrivendosi alla Facoltà di Psicologia.

Svolge la sua professione di Danzamovimentoterapeuta ed Arteterapeuta in ambito terapeutico e clinico, in aree legate al disagio e all'emarginazione, quali carcere (dal 2014 presso la Casa Circondariale di Monza) e comunità occupandosi di tossicodipendenza, di soggetti con disturbo borderline e di stranieri richiedenti asilo.

Inoltre, in ambito educativo-preventivo e clinico privato con bambini, adolescenti e adulti desiderosi di intraprendere un percorso personale.

e-mail: ilaria.meroni@libero.it

ARTE TERAPIA IN ISTITUTO PENALE MINORILE G.P. MEUCCI DI FIRENZE

di Franca Frigenti

PREMESSA

Vorrei descrivere con il presente lavoro, l'esperienza di arte terapia che ho svolto per alcuni anni con i detenuti dell'Istituto Penale Minorile G.P Meucci di Firenze.

Il mio intento è quello di condividere una riflessione sulla concreta possibilità di progettazione e di allestimento di spazi dedicati all'attività di arte terapia in ambito penitenziario.

L'Arte terapia è stata presentata in IPM di Firenze per la prima volta nel 2007 con il progetto "Tracciare di sé". Il progetto, svolto in tre mesi, prevedeva un incontro settimanale, in co-conduzione con una psicologa dell'Istituto e con modalità di gruppo chiuso. Il gruppo era stato formato con alcuni ragazzi che frequentavano il laboratorio "Arte e natura", un laboratorio artistico espressivo, attivo tutti i giorni, che avevo aperto dal 2002. Al progetto vi hanno partecipato in 7; in seguito l'attività di arte terapia è andata avanti con la mia conduzione ma in maniera informale.

Dal 2009 al 2013 l'attività di arte terapia è stata "ufficializzata" con progetti finanziati dal Ministero di Giustizia Minorile e Regione Toscana e integrati nel laboratorio espressivo. Ho condotto il gruppo con 12/15 ragazzi in media ogni mattina, fino alla fine del 2013 con la modalità di gruppo aperto. In questi anni, quasi il totale della popolazione penitenziaria partecipava alle attività del laboratorio.

Dal 2014 al 2017 l'Istituto è stato chiuso per una ristrutturazione dell'edificio e

nel 2018 riaperto, con un numero di detenuti dimezzato (fino ad un massimo di 15 ospiti), data la non agibilità di svariati spazi.

Il laboratorio artistico ha ripreso le attività e l'arte terapia è stata inserita nel programma ma con differenti modalità rispetto agli anni precedenti perché nel frattempo la tipologia dell'utenza era molto variata.

Con l'entrata in vigore delle leggi n.117 del 2014 e n.47 del 2015 che rafforzano il principio della custodia cautelare come "extrema ratio" e valorizzano le misure alternative alla detenzione, si è determinato una minore affluenza nelle carceri minorili.

Inoltre, molti degli utenti sono, rispetto agli anni precedenti, con un livello d'istruzione seppur ancora molto basso, superiore.

In seguito ad una analisi approfondita che considerava i bisogni di questa nuova utenza, abbiamo proposto all'Istituto una serie di attività che amplificavano e affiancavano il programma del laboratorio, attività che coinvolgevano non solo la mia persona ma una piccola squadra di operatori.

Abbiamo inserito nel programma del laboratorio alcune azioni innovative quali:

l'alternanza di 2 artiterapeute per la conduzione del laboratorio 4 ore, ogni mattina di arte e arte terapia, le attività di cura e di manutenzione delle piante presenti nel cortile interno all'istituto,

la riqualificazione del giardino storico del tribunale (attiguo ma fuori dal carcere), che coinvolge i detenuti che possono uscire,

l'accompagnamento dei detenuti in fase di attivazione del programma trattamentale, in uscite all'esterno.

Altro aspetto che abbiamo dovuto riconsiderare è stato quello economico. Negli anni precedenti i progetti erano stati totalmente finanziati dal Dipartimento di Giustizia Minorile e negli anni 2010-14 insieme ad un partner importante come la Regione Toscana.

Dal 2018 il Dipartimento ha finanziato pochissimo le attività; è stato quindi necessario accrescere la progettazione e la partecipazione ai bandi per la ricerca di nuovi finanziatori.

Di seguito la metodologia adottata e le successive variazioni.

1. IL PROGETTO DI ARTE TERAPIA

1.1 Il contesto

L'Istituto Penale Minorile G.P. Meucci di Firenze ospitava fino a venticinque ragazzi d'età compresa tra i quattordici e i ventuno anni, per periodi di permanenza in media da tre a sei mesi. Attualmente ne ospita fino a diciassette di età compresa dai quattordici ai venticinque anni per una modifica normativa intervenuta, e con periodi di permanenza molto più lunghi anche di diversi anni.

I ragazzi provengono da paesi diversi: Magrebini, Rumeni, Albanesi, Sudamericani, Cinesi oltre che Italiani. Questi giovani esprimono un disagio esistenziale profondo: separati fin da piccoli dagli affetti familiari, hanno spesso esperienze precoci di vita di strada. La difficoltà linguistica rende difficile la comprensione e la comunicazione. L'incapacità a esprimersi, la separazione dagli affetti familiari e la mancanza di libertà determinano di frequente un comportamento inadeguato e violento che impedisce loro la possibilità ad accettare anche le più semplici norme di convivenza.

Altre attività destinate ai ragazzi sono scolastiche, formative, sportive ludiche e culturali.

1.2 Gli obiettivi

Gli obiettivi del progetto di arte terapia si possono sintetizzare in questi tre punti:

1) Migliorare lo stato d'animo dei partecipanti. L'ambiente del carcere è caratterizzato, come si può immaginare, da malumori, tensioni, stati d'animo di depressione, atteggiamenti di aperta ostilità, confusione su quello che è successo e sulle proprie responsabilità, talvolta stati di dissociazione e di disperazione. Offrire uno spazio dove i ragazzi possono sentirsi non giudicati, e anche provare sensazioni piacevoli attraverso l'uso dei materiali artistici, è molto importante. Questa funzione è stata in parte assolta anche quando il laboratorio si configurava come solo di arte e non di arte terapia. L'approccio dell'arte terapia ha però corrisposto più consapevolmente al bisogno di creatività e di "sensorialità" con l'uso dei materiali, alla presenza

dell'arteterapeuta che rispetta e promuove lo stato di benessere del ragazzo attraverso un rapporto di "cura" cui spesso il ragazzo non è abituato.

2) Stimolare un'espressione del sé e la narrazione autobiografica. Il linguaggio simbolico dell'arte terapia permette a questi giovani di esprimersi, anche se hanno difficoltà con la lingua italiana. L'elaborazione delle immagini facilita il processo di espressione e di narrazione del sé, così necessario per rafforzare il senso dell'identità. I comportamenti contro la società sono attivati perché questi ragazzi sono privi di un'identità personale e di fiducia in sé stessi, e spesso soggetti all'influenza di altri. Nel gruppo di arte terapia, la possibilità di dare forma a nuove immagini, o di modificare le immagini prodotte, o di dare nuovi significati alle immagini, sostiene l'accrescimento della consapevolezza di sé, delle loro origini e della loro storia di vita.

3) Favorire una riflessione personale su possibili cambiamenti. Il patto formativo proposto dagli educatori implica un impegno da parte dei ragazzi verso un cambiamento, non solo personale ma anche sociale. Il patto formativo favorisce e sostiene la crescita sociale del ragazzo. Il progetto esistenziale viene in questa sede espresso sotto forma di "contratto", con un impegno formale e un'adesione al programma stabilito insieme agli educatori e agli operatori.

1.3 I partecipanti

I ragazzi possono partecipare alle attività di arte terapia secondo due diversi modi:

a) spontaneamente nella fase dell'accoglienza;

b) oppure possono essere assegnati al gruppo attraverso l'impegno stabilito nel patto formativo.

La fase di accoglienza prevede due settimane in cui il detenuto, appena entrato in Istituto, è preso in carico dalle figure di riferimento quali lo psicologo, l'educatore e il medico. Il ragazzo è osservato da parte degli operatori, allo scopo di prevenire atti di autolesionismo o aggressivi rivolti ad altri. Al ragazzo non sono assegnati corsi specifici, ma ha la possibilità di frequentare un po' tutte le attività: sarà poi orientato verso ciò in cui mostra particolare interesse. In questa fase i ragazzi spesso chiedono di partecipare alle attività del gruppo di arte terapia perché in questo luogo non è richiesto loro nessuna particolare prestazione: possono lavorare, o stare in silenzio e osservare quello che succede nel gruppo. Ciò rende questa attività particolarmente adatta alla "fase di accoglienza".

I ragazzi possono essere assegnati all'attività di arte terapia nell'incontro settimanale del venerdì: la partecipazione è poi consolidata con il patto formativo rinnovato mensilmente, dove ogni ragazzo s'impegna a frequentare tutti i giorni per almeno un mese. L'elenco delle presenze può subire variazioni da una settimana all'altra per nuovi ingressi, dimissioni o per motivi disciplinari. Il gruppo che frequenta il laboratorio di arte terapia è perciò aperto e fluttuante: il numero dei partecipanti varia attualmente da 5 a 12 presenze ogni mattina.

2. MATERIALI E METODI

2.1 La stanza e i materiali

La stanza dell'attività è di media grandezza. Lo spazio è occupato prevalentemente da tre tavoli che utilizziamo per lavorare. La stanza prende luce da un'ampia finestra e da una porta a vetri. Ciò che vediamo dalla finestra è un cortile dove ci sono alcuni alberi e un campo di calcio "sempreverde". Le pareti della stanza sono piene di quadri e di cornici decorate che i ragazzi hanno fatto negli anni. Vi sono anche alcuni pannelli di legno utilizzati per attaccare i lavori di arte terapia.

Nella stanza ci sono inoltre:

Un armadietto chiuso che contiene cartelle personali con i lavori dei ragazzi.

Una libreria con atlanti geografici e monografie di artisti.

Un mobile con i materiali artistici: matite, pennarelli, tempere, gessetti, carboncini, acquerelli, pastelli, gesso a pronta, cera d'api da stendere, fissativo, colle di vario tipo.

Vari tipi di carta: bianca, nera e colorata, bristol, velina, crespa, carte giapponesi, carta per acquerello.

Riviste, da guardare e ritagliare, da utilizzare per il collage e una scatola che contiene cartoline con immagini di persone, paesaggi e opere d'arte.

Una scatola di "oggetti vari": sassi, bottoni, perline di vetro, piume, fiori di stoffa, conchiglie, spago, fili colorati e cornici di legno.

Attualmente essendo i ragazzi in minor numero, acquistiamo i materiali anche su richiesta di un partecipante. Il materiale può suggerire anche un percorso, che può essere collettivo o perseguito individualmente. Abbiamo sviluppato alcuni temi che suscitavano l'interesse del gruppo focalizzando l'attenzione sull'utilizzo di materiali specifici;

Impreziosire; con l'uso della foglia d'oro, pietre colorate, polvere oro e della lastra di rame sbalzata per sviluppare uno stile che attribuisce valore alle opere eseguite,

Dalle tenebre alla luce; utilizzando la gomma e la fuliggine, si è intrapreso un percorso alla ricerca delle proprie "zone di ombra e di luce",

Dal caos al cosmo; l'uso delle cere e il graffito ci hanno suggerito una riflessione sull'Universo e ad una sua rappresentazione.

Sperimentare l'uso dei materiali ha favorito l'apprendimento di un maggior numero di tecniche e ha sollecitato l'emersione di immagini spesso inaspettate.

2.2 Le regole del laboratorio

Nella guida del laboratorio mi sono proposta di conciliare uno stile rilassato, non giudicante e validante, con alcune regole essenziali mirate a proteggere il setting e a stimolare i ragazzi nella loro capacità creativa ed espressiva. Le regole del gruppo sono riassunte nei punti qui sotto:

a) Chi entra nella stanza deve concentrarsi e partecipare. La caratteristica dominante del laboratorio è la partecipazione all'attività. Ognuno ha un piccolo spazio di cui può disporre per lavorare, una cartellina con il nome scritto sopra e spazi predisposti su cui poter appendere le immagini prodotte. Tutto ciò che si realizza è rispettato e valorizzato.

b) Quando il ragazzo si sente bloccato, l'immagine può essere facilitata dall'arteterapeuta ma anche dagli altri del gruppo.

Chi dichiara di non avere niente da dire o da fare è rispettato nella sua difficoltà e spesso è aiutato da altri nel gruppo che si adoperano a dare consigli. L'aspetto collaborativo del laboratorio che ovviamente deve essere guidato in modo da non diventare invasivo, favorisce un'atmosfera positiva, di fiducia reciproca. La produzione dell'immagine può essere facilitata in molti modi, per esempio suggerendo l'uso esplorativo dei materiali oppure anche dall'osservazione d'immagini prese da libri o giornali. L'atto di produrre (immagini, oggetti), permette alla persona un'immersione, un coinvolgimento totale nel fare e una concentrazione focalizzata che accorda fusione tra attività e consapevolezza. Si viene a creare uno stato mentale libero ma concentrato, dove i pensieri fluttuano senza troppe briglie; una dimensione molto simile al gioco del bambino. Questo stato di "coscienza fluttuante" ha un potere evocativo e favorisce la narrazione di storie personali.

c) Il ragazzo deve rispettare il proprio lavoro e quello di altri.

Le immagini realizzate possono essere attaccate su alcuni pannelli di legno. L'esposizione dell'immagine favorisce una condivisione silenziosa, in cui ogni partecipante si sente visto e rispettato per il lavoro prodotto e per ciò che ha espresso. Le condivisioni verbali non sono richieste ma sono incoraggiate. Le immagini rimarranno esposte sulla parete per un certo periodo e poi sistemate nelle cartelline di ognuno. Attaccare un'immagine e dare un titolo (associare quindi le parole all'immagine), è un'azione che indica implicitamente la volontà di condividere un messaggio privato ad altri anche se solo a livello simbolico. Lo scambio di opinioni sulla realizzazione di un lavoro contribuisce a sviluppare la capacità d'interazione del gruppo e la condivisione di regole importanti alla convivenza come il rispetto dell'ambiente, del lavoro, delle opinioni altrui e il controllo d'impulsi distruttivi.

2.3 Risultati

L' arte terapia, condotta in modalità aperta ha coinvolto in questi anni oltre 700 ragazzi.

Le attività che abbiamo intrapreso hanno prodotto risultati concreti e importanti, contribuito ad una maggiore consapevolezza di sé, all'innalzamento dell'autostima e ad acquisire più fiducia nelle proprie capacità.

Descriverò tre esperienze molto diverse tra loro che evidenziano quanto un processo creativo possa stimolare risposte importanti e scelte significative nei percorsi di vita di questi ragazzi.

3. A - B – C

3.1 A.

Dall'osservazione alla produzione di un'immagine attraverso una tecnica facilitante: come un semplice esercizio di pittura può evidenziare i gesti, la scelta del colore, l'intenzionalità e connettere l'immagine prodotta con il mondo interiore dell'autore.

Breve storia di A.

A. Permane in Istituto per 7 mesi, ha17 anni; di origine rumena, è alla sua seconda detenzione. Arriva in Italia dalla Romania quando ha circa dieci anni, dopo il decesso del padre. La madre affida il figlio a un parente lontano; non ha mai frequentato la scuola.

È molto triste, talvolta si abbandona a lunghi pianti, per la separazione da quella che considera la sua famiglia: la sua ragazza, i genitori di lei, chiede con insistenza di essere trasferito vicino ai suoi affetti. Quando comprende che questo non è possibile, almeno nell'immediato, si abbandona a una sorta di apatica rassegnazione, con una forte demotivazione ad affrontare gli impegni quotidiani. Quest'atteggiamento comincia a preoccupare gli educatori che temono il trasformarsi in un grave stato depressivo.

Frequenta il laboratorio per tre mesi, quotidianamente con partecipazione attiva e in seguito è inserito nel corso di alfabetizzazione dove mostra un grande impegno.

La consapevolezza del sé: il punto nel mare

1) *La prima volta nel laboratorio di arte terapia*. A. era entrato in Istituto da circa tre mesi ma quasi nessuno si era accorto di lui. Sguardo basso, privo di parole aveva l'abilità di scivolare sulle pareti delle stanze dove si svolgevano le attività senza che nessuno facesse caso né alla sua entrata, né alla sua

uscita. Ogni tentativo di stabilire anche una pur minima relazione finiva nel fallimento più assoluto; nessun contatto con gli operatori e neppure con i compagni.

Dopo svariate richieste da parte mia di partecipare all'attività, sempre rifiutate, una mattina accetta di stare seduto davanti a un foglio bianco.

Figura 7

2) *Facilitare la produzione di un'immagine*. Chiedo ad A. di scegliere un colore e fare qualcosa senza preoccuparsi del risultato. Risponde che non sa fare niente. Insisto nella mia richiesta: «Non so fare niente» ribatte. Gli mostro la scatola di cartoline e gli chiedo di sceglierne una. Le osserva tutte e dopo circa 40 minuti sceglie un'immagine che rappresenta un piccolo porto, le case, le barche, il mare. Chiedo che cosa è che gli piace della cartolina, risponde che non sa. Lo invito a descrivere l'immagine della cartolina, di dirmi cosa vede. Mi risponde: «Le case, il mare». Alla domanda: «Che cosa è che ti piace di più?» mi risponde: «Il mare». «Puoi rappresentare il mare sul foglio?» Risponde: «Non lo so».

3) *Il sostegno del gruppo*. Per decidere quale colore scegliere per rappresentare il mare che immaginiamo dobbiamo

chiederci se è un mare di notte, di giorno, che ora è, ed anche in che stagione siamo. Intervengo rivolgendo lo sguardo a tutto il gruppo che a questo punto, sentendosi coinvolto, interagisce: ognuno verbalizza il colore del mare che preferisce e che immagina. A. decide che il suo è un mare in estate, nel pomeriggio e sceglie di dipingere con un verde chiaro.

4) *L'immagine che ha determinato un cambiamento: un puntino nel mare.* Prepara il colore e lo stende su tutto il foglio. Gli chiedo di immaginare cosa c'è sul mare. Con una velocità inaspettata risponde: «Io che sto nuotando ma non so farmi» Ci accordiamo per un pallino nero che simbolicamente lo rappresenti. Lui aggiunge due palette che intuisco essere le braccia che nuotano. Scrive con molta cura il titolo: "A. in mezzo al mare di pomeriggio".

Gli chiedo se vuole appendere il lavoro ma risponde che preferisce tenerlo dentro la sua cartellina.

A. in mezzo al mare di pomeriggio

5) Adesso A. partecipa all'attività e dice di stare meglio. Dopo la realizzazione di questa immagine A. entra in laboratorio tutte le mattine per circa dodici settimane; dipinge in modo del tutto spontaneo usando le tempere e, quando ultimati, appende i lavori alla parete.

Il primo gruppo d'immagini ha per tema la bandiera rumena o i colori della bandiera rumena.

Il secondo gruppo: cuori con dediche d'amore.

Nel terzo gruppo d'immagini usa solo il colore blu; ne sperimenta le varie tonalità riferendosi sempre al mare ma con modalità estetiche completamente diverse a quella iniziale.

6) A. frequenta la scuola e fa progetti per il suo futuro. Inizia ad avere relazioni con i compagni e con gli operatori, è ben disposto ai colloqui con la psicologa e comincia a pensarsi come soggetto capace di costruire il proprio futuro.

A settembre è inserito nel corso di alfabetizzazione che frequenta con grande impegno fino a novembre. Esce dall'Istituto per entrare in una comunità educativa che gli assicura la prosecuzione del percorso scolastico a cui tiene molto.

3.2 B.

Una tecnica per elaborare uno stato di rabbia: come un sentimento negativo, impulsivo e prepotente (in questo caso la rabbia), se rappresentato, può trasformarsi in uno stato d'animo piacevole, in un'immagine che se realizzata, stupisce e gratifica l'autore.

Breve storia di B.

15 anni di origine marocchina, rimane in IPM per tre mesi circa. Frequenta il laboratorio inizialmente in modo discontinuo.

In seguito, è inserito attraverso i patti formativi nelle attività del laboratorio che frequenterà in modo costante nelle ultime sei settimane.

Esce in affidamento a una comunità educativa per un anno.

Descrizione di un intervento di arte terapia: La rabbia che si trasforma in fiore.

1) Quella mattina B. era molto arrabbiato, non riusciva a stare fermo e non aveva voglia di fare niente. Mi dice che sente la rabbia salire e che non sa come può andare a finire. Gli chiedo dove percepisce la rabbia, in quale punto del corpo e di che colore se la immagina.

Mi risponde che la sente nella testa e che è rossa. Gli suggerisco di usare il rosso per coprire un foglio bianco. Accetta e incomincia a stendere il rosso sul cartoncino che ha davanti.

Fa molta fatica a dipingere e nella ricerca di concentrazione impegna parecchie energie ma quando termina appare più rilassato.

Figura 8

«Adesso guarda il rosso, che cosa vedi?» gli chiedo. B. inizia a disegnare senza intenzionalità con la tempera nera sopra il colore rosso incominciando da un punto del foglio che sembra scegliere a caso: appare la forma di un fiore.

2) Osserva stupito ciò che ha realizzato ed è soddisfatto e gratificato del risultato. Adesso è calmo e rilassato, mi dice che

non è più arrabbiato e parla di lui, delle speranze e dei suoi progetti futuri.

3.3 C.

La narrazione di sé: come un'immagine solo osservata e non prodotta, possa essere in grado di risvegliare risorse latenti attraverso l'evocazione, il ricordo e la narrazione.

Breve storia di C.

C. entra in Istituto per scontare una pena piuttosto lunga. Ha 18 anni ed è di origine italiana. Permane in IPM per nove mesi. Al suo ingresso è in trattamento psichiatrico e farmacologico perché, in seguito ad ideazione suicidaria, presenta uno stato patologico di tipo "ansioso-depressivo". Lo stato depressivo inizia gradualmente a peggiorare fino a che arriva a rifiutare colloqui e terapia. Il ragazzo si oppone al trattamento psichiatrico e in seguito rifiuta anche la terapia farmacologica. Rimane a letto per oltre due settimane rifiutandosi di scendere e partecipare alle attività. L'educatrice di riferimento prende atto della difficoltà del ragazzo ad affrontare gli impegni quotidiani e gli propone di partecipare alle attività di arte terapia procedendo attraverso obiettivi minimi a lui accessibili. In occasione della stesura dei patti formativi, C. è invitato a partecipare; frequenterà il laboratorio per quattro mesi fino alla data del suo trasferimento in un altro Istituto.

Attivazione del processo arteterapeutico: dal guardare al fare.

1) Nel laboratorio di arte terapia: i primi 4 giorni e l'osservazione di immagini.

C. accetta di uscire dalla cella e viene in laboratorio ma con l'intenzione di non fare attività spiegando che non sa disegnare e che non gli piace. Gli propongo di osservare le cartoline che sono riposte nella scatola con immagini di paesaggi, persone e opere d'arte. Acconsente e passa tutto il tempo a guardare le cartoline con un certo interesse. Accettare di guardare le cartoline è l'atto che determina lo sblocco di questa situazione: in seguito si presenterà al laboratorio tutti i giorni per osservare le cartoline.

2) La scelta. Negli incontri successivi propongo a C. di scegliere l'immagine di una cartolina. Focalizzare l'attenzione sulla sua capacità di scegliere e sui motivi della scelta rafforza il senso d'identità del ragazzo. La scelta della cartolina attiverà un processo lento ma continuo di partecipazione e condivisione dell'immagine. Le cartoline scelte saranno poi due, tre, fino a quattro. Questo processo è durato alcune settimane.

3) La narrazione. La connessione che C. troverà tra la sua vita e le immagini scelte lo stimolerà per un'elaborazione personale e per la narrazione di storie immaginate che s'impegnerà a scrivere. La promessa di scrittura non è da sottovalutare se consideriamo il vissuto scolastico fallimentare di C. dovuto anche a un grave problema di dislessia emerso alla scuola elementare.

4) La relazione dell'educatrice. Dopo circa due mesi di attività di arte terapia l'educatrice riscontra in C. sforzi personali di adattamento alle regole del contesto e di partecipazione alle attività quotidiane. Le attività di tipo espressivo e creativo attraverso l'uso delle immagini e le sollecitazioni ed evocazioni ad esse collegate, hanno riattivato le sue energie positive e al tempo stesso favorito un certo grado di "benessere" e di "soddisfazione" rispetto al lavoro prodotto, sia esso un'immagine o testo scritto.

5) Il processo di autoconsapevolezza. C. da questo momento in poi accetta di avere colloqui regolari con l'educatrice con la quale mi confronto anch'io sul lavoro svolto quotidianamente insieme a lui.

La scrittura delle storie immaginate in laboratorio si evolverà in un progetto autobiografico.

Durante i colloqui con l'educatrice, C. leggerà i nove capitoli scritti in cella che narrano la storia della sua vita ricordando le emozioni e i fatti che lo avevano indotto a commettere il grave reato. Nel frattempo, partecipa al gruppo di arte terapia producendo una serie d'immagini.

6) Interruzione del lavoro di arte terapia. Purtroppo, le pressioni del contesto carcerario minorile, dovute alle aspettative di impegno quotidiano (orari da rispettare, partecipazione alle molteplici attività, relazioni da stabilire con compagni sempre diversi) sembrano diventare per C. sempre più difficili da sostenere. C. chiede il trasferimento (poi accordato), in un carcere

per adulti: luogo che immagina come più stabile nelle relazioni e con un ritmo quotidiano più tranquillo.

4. CONCLUSIONE

Chi lavora in ambito penitenziario si trova ad operare con ragazzi che hanno commesso atti socialmente poco accettabili, spesso crudeli e violenti; credo che in questo specifico contesto, l'arteterapeuta debba maturare una capacità di assenza di giudizio e di accettazione pur mantenendo un costante equilibrio tra l'atteggiamento di non-giudizio e il rispetto di alcune regole che sono fondamentali per la conduzione e il contenimento del gruppo.

Nel corso di questi anni ho sperimentato attraverso l'impiego di strumenti e materiali artistici un modo alternativo di comunicazione a quello verbale, ciò ha rappresentato per molti giovani detenuti un'opportunità per esprimere sentimenti e stati d'animo; un'occasione unica per imparare a mettersi in relazione con sé stessi, con i compagni di detenzione e con l'ambiente circostante.

Figura 9

Una particolare attenzione è stata posta a quella fase intermedia che sta tra l'idea e l'esecuzione, a quel preciso momento in cui si mobilitano energie, emozioni, vissuti, capacità progettuali e aspetti cognitivi, che in arte terapia definiamo processo creativo.

Ho osservato la potenza che le immagini hanno sui ragazzi, tale da trasformare in alcuni casi, comportamenti assai problematici in comportamenti più consapevoli ed adeguati e verificato quanto l'arte terapia abbia contribuito nel tempo ad abbassare i livelli di tensione, a contenere la rabbia e la violenza che spesso si genera tra i vari gruppi o tra le persone e di quanto abbia influenzato nella riduzione degli atti autolesivi e suicidari, molto frequenti negli anni passati fino alla loro quasi totale scomparsa.

Il laboratorio ha assunto nel tempo l'identità di un luogo sicuro dove, in un clima di serenità e di totale rispetto per ciò che viene realizzato, è possibile prendersi cura e acquisire una maggiore consapevolezza e fiducia delle proprie capacità; uno spazio riconosciuto come patrimonio comune dove, attraverso il lavoro creativo, è possibile stabilire un rapporto di reciproco aiuto e di condivisione.

Bibliografia

Andreoli, V. Presentazione al Convegno "Arte Terapia e Carcere", Roma, "La comunicazione silenziosa in carcere" Gazzetta del Mezzogiorno, 2002.

Caboara Luzzatto, P. (2009) Arte Terapia: una guida al lavoro simbolico per l'espressione e l'elaborazione del mondo interno. Assisi, La Cittadella

Gussak, D (2007) The Effectiveness of Art Therapy in Reducing Depression in Prison Populations, Int J of Offender Therapy and Comparative Criminology, 51(4), 444-60. (USA)

Parsons R (2010) Art Therapy in Juvenile Prison, Int J of Offender Therapy and Comparative Criminology 54(6). (USA)

Pittam S (2008), "Inside-out/Outside in: Art Therapy with Young Male Offenders in Prison" in: Liebman M, Anger and Art Therapy, London, Jessica Kingsley. (UK) pg.87

Teasdale C. (1997). Guidelines for arts therapists working in prisons. Croydon, UK: Home Office/HM Prison Service. (UK)

Biografia

Franca Frigenti, Maestra d'arte (diplomata all'Accademia di Belle Arti di Firenze) si forma come arte terapeuta presso Art Therapy Italiana di Bologna con la supervisione della Dr.ssa Paola Caboara Luzzatto. Inizia la sua esperienza professionale come responsabile di atelier artistico con pazienti psichiatrici gravi (A.MIG 1983-92) e in seguito con detenuti adulti (Istituto Penale Gozzini, Sollicciano 2001-05).Per sostenere la diffusione delle arti e delle arti terapie in aree socialmente fragili fonda nel 2005 l'associazione di promozione sociale Progress.

Negli ultimi anni ha collaborato con UFSMIA e USSM Toscana in progetti di arte terapia rivolti a adolescenti problematici. È stata docente alla Libera Accademia di Belle Arti di Firenze del corso:

"Storia e modelli di arte terapia" (2007-2022). Attualmente lavora come artista Mus-e Italia (International Y.Menhuin Foundation), per l'affermazione delle arti nelle scuole primarie ed è impegnata nella conduzione di "Arte e natura", un laboratorio che ha aperto nel 2002 per svolgere attività artistica con i detenuti in Istituto Penale Minorile G.P Meucci di Firenze.

E-mail: franca.frigenti@gmail.com

Sito: www.associazioneprogress.org

TANTO DOLORE, TANTA PAURA, NESSUNA PIETÀ

Un percorso di arte terapia con ragazzi devianti

di Antonio Boccalupo

La mia esperienza come arteterapeuta con la Giustizia Minorile di Bologna inizia nel 2010, tirocinante della scuola Art Therapy Italiana, con 12 incontri che fui contento di terminare, anche se con non poche difficoltà.

Non la pensarono così gli ospiti della Comunità Ministeriale per Minori (CMM) di Bologna, 7 ragazzi, età media 16, che convinsero il direttore a richiamarmi, il quale mi propose 100 ore a 40 euro. Il laboratorio era piaciuto.

Accettai con felicità mista a timore, avevo da un solo anno iniziato la scuola e già potevo guadagnare i primi soldi, ne avevo bisogno, lavoravo come educatore part-time per una cooperativa, avevo 2 figli da crescere e nel 2012 sarebbero diventati 3.

Il timore nasceva dall'inesperienza e dalla difficoltà avuta nel 'contenere' quei ragazzi, difficili, provocatori, ragazzi di strada.

L'anno dopo, nel 2011, su consiglio del direttore della comunità, fui chiamato dal direttore del Carcere minorile (IPM).

Dal 2019 lavoro anche con l'Area Penale Esterna (APE), con minori che commettono reati ma non vivono in un regime restrittivo, abitano nelle loro case o nelle comunità civili, oppure in messa alla prova (MAP) o in attesa di processo.

Nell'ultimo anno il progetto è stato di 1000 ore. In questi anni, sono stati tanti i ragazzi che hanno partecipato, tanti quelli che partecipano all'attività di arte terapia, attualmente 27 in intervento individuale, 2 setting di gruppo; sia in carcere che in comunità ministeriale.

Tra gli individuali seguo 5 ragazzi i cui reati hanno avuto risonanza nazionale.

Questi stessi ragazzi, dopo essersi diplomati all'interno dell'istituto, si sono tutti iscritti all'università.

Mi fa piacere pensare che parte del merito possa attribuirsi all'arte terapia.

Due domande in particolare mi hanno accompagnato nella mia esperienza di arteterapeuta presso la giustizia minorile e nel carcere (IPM) in particolare:

Cosa spinge i minori a commettere reati, a volte violenti ed efferati? Quanta consapevolezza c'è in quello che fanno?

Ho cercato la risposta nelle immagini che producono.

2 i minimi comuni denominatori:

1. l'aspetto bi-dimensionale

2. la prevalenza del rosso e del nero nei colori usati

Il tratto non è mai deciso, quasi sempre tremolante, segno di ansia.

Le immagini sono semplici: la casa, il cielo, il sole e pochi altri elementi che ne rispecchiano l'età evolutiva (7/8 anni).

Quando non idealizzano, nel raccontare le loro immagini la rabbia è quasi sempre presente, per la povertà che vivono tutti i giorni, per le cure primarie non appropriate ricevute fin da piccoli.

Anche la paura è spesso presente nelle immagini e nei racconti, non potrebbe essere altrimenti vista la loro storia, di solito costellata da una madre con traumi non risolti e/o un padre violento.

Da ciò possiamo iniziare a intravedere il motivo dei reati e/o delle azioni violente che commettono…agiscono in preda all'ansia, figlia di un sistema della paura compromesso. Agiscono per rabbia, figlia della violenza iscritta così precocemente nella loro mente, agiscono per i traumi subiti e per la paura che si ripresentino.

Chi si occupa di questi ragazzi non può prescindere da questo concetto, il trauma, maggiore e/o evolutivo che sia, il dolore più forte che la mente deve sopportare.

Il trauma rappresenta il 'ponte' tra il dominio della mente e quello del corpo e ad attraversarlo mi ha aiutato la teoria dell'attaccamento.

Nell'introduzione al fondamentale libro di Robin Karr-Morse e Meredith Wiley[1] sulle origini della violenza, "Ghost from the Nursery", il famoso pediatra americano, B.Brazelton, ha affermato che troppo spesso viene trascurato il ruolo delle esperienze infantili che determinano 'l'incapacità di regolare le forti emozioni' da parte del bambino come fonti della violenza dei bambini e degli adolescenti.

---

[1] Karr-Morse, R., Wiley, M. S. (1997) - *Ghost from the Nursery. Tracing the roots of violence,* Atlantic Monthly Press, New York

La teoria dell'attaccamento ha condotto le indagini più approfondite sull' "ambiente sociale" per la comprensione dello sviluppo socio-emotivo precoce e della personalità negli ultimi 40 anni.

Non è possibile troppo sintetizzare una ricerca che ha visto come suo padre fondatore John Bowlby che in un suo studio degli anni '40 osservò lo sviluppo di bambini allevati in un orfanotrofio londinese emblematicamente ricordato come i "44 giovani ladri".

Bowlby esordisce dicendo che il compito fondamentale del primo anno di vita umana è la formazione di un legame di attaccamento sicuro di comunicazione emotiva tra un bambino e la sua primaria figura di attaccamento.

Nella co-costruzione di una relazione sicura ci saranno, inevitabilmente, dei momenti di rottura della sintonizzazione e una figura di accudimento 'sufficientemente buona' è in grado di avviare con il giusto tempismo una nuova sintonizzazione, una regolazione dello stato negativo del bambino.

Il meccanismo di attaccamento, la 'regolazione diadica delle emozioni', modula quindi a livello biopsicologico gli stati positivi, come l'eccitamento e la gioia, ma anche gli stati negativi, come la paura e l'aggressività.

Rispetto a quest'ultima, è importante sottolineare che dopo l'attaccamento alla madre nel corso del primo anno di vita, il bambino forma, verso i 18 mesi, l'attaccamento al padre, che prende il controllo di una parte significativa delle emozioni di attaccamento infantile, ma è coinvolto soprattutto nello sviluppo della regolazione dell'aggressività del bambino più grande.

Maccoby[2] sottolinea che il padre, attraverso l'utilizzo attento della propria aggressività, aiuta il bambino a modulare la propria aggressività esplosiva. Ciò è vero per entrambi i sessi ma in particolare per i maschi, che nascono con un corredo maggiore di aggressività.

Ma cosa succede quando il bambino non è fortunato nel fare questo tipo di esperienze sicure?

La figura di accudimento abusante o negligente non solo mostra pochi o nulli comportamenti di gioco condiviso, ma induce anche nel bambino stati traumatici di affetti negativi duraturi.

Le comunicazioni affettive, così centrali per le dinamiche di attaccamento, sono distorte nella relazione genitore/bambino abusato/trascurato (A. Schore)[3].

Gli stati negativi sono tossici per i bambini e dato che i traumi infantili avvengono in un periodo di crescita del 'sistema limbico' che regola le emozioni, esso ha un'influenza negativa sulla maturazione dei sistemi celebrali che regolano lo stress e modulano gli affetti, inclusi gli stati affettivi aggressivi.

Quando si parla di devianza, di disturbi del comportamento, di antisocialità non si può non tenere conto di tutto questo, e

---

[2] Maccoby, E. (1966) *The development of sex differences, Stanford University Press.*

[3] Schore, A. (2010) *I disturbi del Sé: La disregolazione degli affetti, Astrolabio.*

pensare che forse questi ragazzi non scelgono di essere cattivi, forse sono costretti da un attaccamento disorganizzato nelle cure primarie.

Nel setting di arte terapia con l'aiuto dei materiali, delle immagini che producono e della relazione che si 'crea' provo a insegnare loro ad incanalare la spinta aggressiva verso sbocchi creativi e non distruttivi, i reati.

Di seguito presento un incontro di arte terapia che può ben rappresentare il valore terapeutico dell'arte.

LA RABBIA

Dopo aver superato tutti gli iter per entrare in carcere, come di consueto, quel giorno arrivo 20 minuti prima per allestire il setting e accogliere i ragazzi iscritti al laboratorio di gruppo.

Mentre salgo le scale vedo un folto gruppo di ragazzi che litigano con gli agenti, ci sono anche quelli che frequentano il laboratorio.

Non riesco a capire il motivo della discussione, sento, però, ripetere più volte dai ragazzi la parola rispetto.

Li sento arrivare, pronunciano parole violente nei confronti degli agenti. Dopo essersi seduti, nella stanza c'è silenzio, sono ben udibili, però, i loro respiri affannosi, quando incrocio i loro occhi mi accorgo che sprigionano rabbia.

Guardo i ragazzi ad uno ad uno, sperando che il mio sguardo possa invitarli a parlare spontaneamente dell'accaduto.

Questo non succede, allora chiedo cosa provano, cosa sentono.

Nessuna risposta.

Tra i ragazzi, Aymen mi guarda con più intensità, con più rabbia, quasi a invitarmi a chiedere.

Allora chiedo: «Cosa provi in questo momento Aymen?».

Lui, sbottando :«Rabbia, ecco cosa provo, rabbia. Vorrei spaccare tutto in questo posto di merda e poi scappare».

Interviene Alessandro: «Come si può sentire una persona che viene svegliata con urla e poi all'improvviso gli viene tolta la coperta da dosso, e se mi stavo facendo una sega?».

È la volta di Ayoub: «Ascolta Antonio, io sono stato arrestato per rapina ma questo non significa che non merito rispetto».

Poi, Giorgio: «Ieri per esempio, erano le 13, di solito mangiamo alle 12,30 e l'agente invece di portare il carrello con tutti i pasti va e ne porta uno alla volta, gli chiedo se posso darle una mano e sai che mi risponde? ...stai seduto e aspetta, cosa vuoi che cambi mangiare con un po' di ritardo? Mica stiamo all'asilo?»

Giorgio continua dicendo: «Credimi avrei voluto strozzarlo».

Decido di intervenire, non chiedo quali sono i motivi di tanta rabbia, in ogni caso è palese che si tratta di uno scontro con gli agenti, chiedo, però, ad ognuno di associare un colore alla rabbia e di scriverlo su un pezzo di carta.

Tutti, tranne Ayub che scrive solo in rosso, scrivono rosso e nero.

Mi adopero, tolgo tutti i materiali di altri colori e lascio solo quelli rossi e neri e li invito a produrre solo con questi due colori.

Di seguito le immagini.

Figura 10 - Saad

Figura 11 - Alessandro

Figura 12 - Samuele

Figura 13 - Ayub

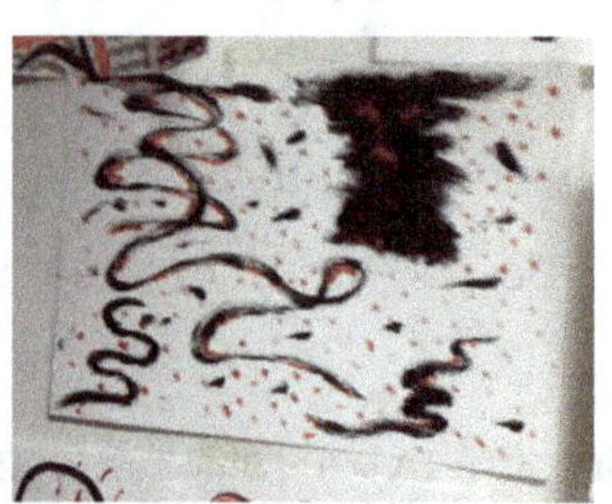

Figura 14 - Aymen

Figura 15 - Giorgio

La condivisione

Figura 16 – La condivisione

Nel racconto di quell'incontro ricordo che i ragazzi, stranamente, si mettono subito all'opera.

Usano tutti le tempere, Saad aggiunge dei ritagli di stoffa, un pezzo rosso che prima fora con delle forbici, per poi riempirli con dei punti neri, e uno nero che ritaglia a strisce.

Di ognuno i gesti sono corti e decisi, il tutto espresso molto velocemente.

Man mano che procedono vedo la tensione scaricarsi, i loro visi distendersi. È il potere dell'arte a manifestarsi. È in atto un processo di trasformazione costruttivo e non distruttivo di un sentimento forte come quello della rabbia.

È il momento di condividere i lavori fatti.

È Giorgio che rompe il silenzio: «Così mi sento quando mi arrabbio, confuso, non so a cosa pensare…d'istinto mi viene voglia di correre, di scappare. Ricordo quando tornava a casa mio padre, sempre nervoso, sempre arrabbiato, finiva la pace, tutti ne avevamo paura, qualsiasi pretesto era l'occasione per menare le mani.

Allora in silenzio, senza farmi vedere, uscivo di casa e iniziavo a correre, correvo così tanto che mi fermavo solo perché ero sfinito. Poi succedeva che quando tornavo mio padre me le dava perché ero uscito senza permesso. Sono contento che se ne sia andato».

Dopo un attimo di silenzio Alessandro chiede di intervenire: «Ti capisco -, rivolgendosi a Giorgio - anch'io provo la stessa cosa, mi sento esplodere, come quel vulcano che ho dipinto, tengo, tengo e poi esplodo. Quando esplodo ho paura, ho paura di quello che può succedere».

Io: «Hai paura di fare del male a qualcuno?».

Risposta: «Sì, anche, ma soprattutto ho paura di farmi del male, mi vengono pensieri brutti, di buttarmi giù da qualche parte, di correre contro un'auto».

Non aggiungo più nulla, sento che se lo faccio interrompo qualcosa di importante, mi riservo di dire qualcosa alla fine.

È la volta di Samuele, chiede di poter parlare ma poi se ne sta per un lungo tratto senza dire niente, fissando intensamente il suo lavoro.

All'improvviso afferma: «Penso che tutti si sentano così quando si arrabbiano…come bruciare. Io brucio dentro, mi sento tutto un fuoco, e quello che è peggio è che non c'è nessuno che mi può aiutare, nessuno che può spegnere quel fuoco».

Aymen: «Quando mi arrabbio mi capita una cosa strana, vedo davanti a me sempre una forma nera, come un viso, ma non è proprio un viso, però ha gli occhi, il naso e la bocca rossi, non mi lascia, si mette davanti e non mi fa vedere».

Saad e Ayub decidono di non intervenire.

Intervengo chiedendo come si sentono, se c'è qualcuno che vuole aggiungere qualcos'altro.

Ayub, che aveva deciso di non verbalizzare, mi dice: «Ora che ho fatto questo lavoro mi sento meglio, sono più tranquillo».

Sento di dover concludere questo incontro forte e allo stesso tempo significativo.

Arte terapeuta: «Capisco e comprendo la vostra rabbia, penso che tutti voi qui dentro abbiate dei buoni motivi per essere arrabbiati, logicamente non mi riferisco a quello che è successo stamattina tra voi e gli agenti, su questo non entro nel merito. Mi riferisco ai vostri vissuti, a quello che mi avete raccontato, non solo in questo incontro.

Posso dirvi però che voi oggi avete provato, e ci siete riusciti, a incanalare la vostra rabbia in modo creativo, l'arte, e non distruttivo, il reato».

Aymen mi chiede: «Scusa Antonio, mi dici qualche altro modo per incanalare la rabbia?».

Io: «Lo sport, è un modo che usano la maggior parte delle persone per scaricare la rabbia o lo stress, l'arte in generale e…l'amore».

Le immagini sono esplicite, parlano da sé, non credo ci sia bisogno di un'ulteriore analisi.

Mi soffermerei invece sull'intervento effettuato perché ricalca il modo che di solito metto in atto con questi ragazzi nel mio setting.

Attraverso i materiali e le immagini create, cerco quasi sempre di far emergere e sostenere la parte buona, quella vitale, quella che li può salvare. Nei limiti che questo tipo di setting mi dà, limiti di tempo, non posso che fare così, cioè dare anche indicazioni e consigli, che non sono però giudizi morali, al fine di far vivere loro un'esperienza con un adulto, buona e amorevole, base per poter almeno provare a cambiare.

Bibliografia:

Karr-Morse, R. & Wiley, M. S. (1997) *Ghost from the nursery. Tracing the roots of violence, Atlantic Monthly Press.*

Maccoby, E. (1966) *The development of sex differences, Stanford University Press.*

Schore, A. (2010) *I disturbi del Sé: La disregolazione degli affetti,*
Astrolabio.

Biografia

Antonio Boccalupo, Nato a Salerno nel 1971, sposato, tre
figli, vive a Bologna dal 1995.

Dopo vari lavori precari per pagarsi gli studi, si laurea in
lettere e filosofia (2006).

Sempre interessato all'utilizzo dell'arte nella relazione di
aiuto consegue un Master in arte terapia a indirizzo poietico
(2008).

Racconta che è il 2009 l'anno più importante a livello
professionale, viene accettato ad Art Therapy Italiana, dove 5
anni   dopo   si   diploma   come   arteterapeuta.
Nel 2017 consegue il Master in arte terapia di gruppo.

Dal 2020 in formazione come supervisore presso Art
Therapy   Italiana.
Dal 2011 Arteterapeuta di riferimento della Giustizia Minorile di
Bologna.

antonio.boccalupo@yahoo.it

PEZZETTINI DI ANIME

Cristina ci racconta della sua esperienza da partecipante ai percorsi di arte terapia nella sezione femminile del Carcere di Bologna

di Tiziana Massa e Rivkah (Rebecca) Hetherington

"Le opere fatte nel percorso di arte terapia erano pezzettini della mia anima. Erano lì le mie lacrime in quei disegni. Ed era importante per me lasciarli lì, nel carcere con le mie amiche perchè così sapevo che un pezzo di me rimaneva con loro. Quando le mie amiche guardavano i disegni, avrebbero pensato a me." (Cristina)

PREMESSA

Ci piace iniziare con queste parole perché è importante uscire dai tanti stereotipi che circondano la vita in carcere nonché sulle persone che vi si ritrovano. La realtà carceraria può variare molto in base alla popolazione detenuta (maschile, femminile, minorile), la grandezza del carcere e il livello di sicurezza. Tali differenze sono testimoniate dalla varietà di esperienze descritte in questo libro. Come vediamo dai contributi dei nostri colleghi, il settore maschile è quasi sempre più rilevante di quello femminile. Qui a Bologna, infatti, secondo i dati al 30/06/2021 (Osservatorio dell'Associazione Antigone, 2021), la casa circondariale "Rocco d'Amato" ospitava 681 uomini e 63 donne. Noi (Tiziana Massa e

Rivkah (Rebecca) Hetherington, le due arteterapeute responsabili per i progetti narrati in questo capitolo) ci occupiamo della piccola realtà della sezione femminile che, a causa anche della sua irrilevanza statistica, aveva ricevuto poca attenzione prima degli interventi di "Non Solo Mimosa" dal 2014 in poi [4]. È qui che i nostri percorsi di arte terapia trovano le loro radici. Nel mondo del carcere femminile e nella narrazione di Cristina abbiamo riscontrato una realtà che riflette la condizione subalterna della donna in una società che continua ad arrancare nel raggiungimento di un'autentica parità fra i generi [5] [6].

In primis, crediamo che sia molto importante, per chi desideri lavorare in carcere, interrogarsi su di sé, sull'immaginario riferito al carcere e sugli eventuali pregiudizi nei confronti delle persone detenute, nonché, sulle proprie motivazioni per voler lavorare in questo ambito. Anche noi ci siamo interrogate e abbiamo trovato motivazioni condivise che hanno nutrito la nostra collaborazione e guidato i nostri progetti. Abbiamo entrambe il desiderio di andare oltre lo stereotipo sociale che esiste

---

[4] "Non Solo Mimosa" è un progetto di volontariato ideato dall'allora Consigliera del Comune di Bologna Mariaraffaella Ferri nel 2014 con l'obiettivo specifico di fornire attività di benessere per la Sezione Femminile della Casa Circondariale "Dozza" a Bologna. La sua attività è stata documentata nella mostra fotografica "Da dentro a fuori: sguardi di futuro" svoltasi nella manica lunga del Palazzo D'Accursio a Bologna dal 5/11/2019 al 17/11/2019 e nel catalogo del medesimo titolo pubblicato in occasione della mostra.

[5] Nel capitolo 6 "Nurturing identity, art therapy in women's correctional settings", l'arteterapeuta David Gussak (2020) offre riflessioni importanti sulle differenze sociologiche e storiche nonché psicologiche delle donne in carcere. In particolare, i suoi studi riportano un tasso più alto di depressione rispetto alla popolazione maschile. Noi notiamo un contrasto forte fra la vita affettiva carceraria descritta da Cristina e quanto descritto nello stesso libro rispetto alle carceri maschili statunitensi.

[6] Punto 5 dell'"Agenda per lo sviluppo sostenibile 2030" delle Nazioni Unite (2020) delinea l'obbiettivo di "raggiungere la parità di genere ed emancipare tutte le donne e le ragazze".

nell'immaginario collettivo che vede la detenuta come non-persona e condividiamo la convinzione che, al di là di qualunque reato sia stato commesso, il fatto di essere deprivati della propria libertà sia di per sé fonte di estrema sofferenza psicologica. Crediamo che questa sofferenza necessita di essere ascoltata ed elaborata se vogliamo contrastare la recidiva del reato e offrire la possibilità di una reale esperienza trasformativa.

La citazione in apertura mette in primo piano la sensibilità della persona e la sua umanità. Vogliamo evidenziare questo proprio per contrastare il processo disumanizzante che accompagna la carcerazione nel nostro immaginario (Gussak, 2020, capitolo 2). E' un fenomeno peculiare umano, descritto bene da Ogden (1989, pp. 18-30) che ci spiega il meccanismo per cui quando una persona ci delude o commette un certo tipo di reato, cambia drasticamente l'immagine di quella persona nella nostra mente. L'atto 'cattivo' viene vissuto come una rivelazione della verità e le cose buone che può aver fatto fino a quel momento vengono cancellate. La persona, quindi, non è più percepita come 'buona' e la possibilità di 'persona buona che ci ha deluso' raramente si concretizza. Prende forma invece la sensazione di essere stati precedentemente ingannati e, adesso, questo atto 'cattivo' rivela la 'vera' natura cattiva della persona, che diventa inseparabile dall'atto commesso. Il lavoro con parenti di detenuti insegna quanto reintegrare queste due aspetti sia un processo lungo e complesso.

Dare voce ad una persona equivale a darle fiducia e rispetto e quindi, proprio per contrastare gli stereotipi e le generalizzazioni, abbiamo affidato a Cristina, una delle detenute, il racconto e la valutazione dei nostri percorsi. Le abbiamo chiesto di raccontare del suo vissuto nel carcere, del suo reato e del ruolo che i tre cicli di arte terapia ai quali ha partecipato hanno avuto nel dare un senso a questa difficile fase della sua vita.

Abbiamo imparato tanto dal suo racconto, in particolare abbiamo appreso quanto avevamo sottovalutato l'autenticità delle relazioni affettive nel carcere femminile di Bologna. Ci eravamo basate su teorie che parlano di relazioni pericolose, di mancanza di privacy e della necessità di tenere la propria vulnerabilità nascosta, teorie elaborate e formulate da esperienze lavorative nelle carceri maschili (Gussak, 2020). Il racconto di Cristina, invece, dimostra l'autenticità e profondità dei legami creati nonché l'importanza di questi nella sopravvivenza quotidiana.

PEZZETTINI DI ANIME: IL RACCONTO DI CRISTINA

La vita in carcere

Il momento più difficile, che non scorderò mai, è stato il suono della chiusura della porta della mia cella la prima notte. Il rumore della chiave che gira nella serratura e, poi, il silenzio, tutto quel tempo davanti a sé.

Lì, il tempo è lungo. Cercavamo di raccontarci tante cose, parlavamo delle nostre vite. Sono fortunata perché ho fatto vere amicizie. Lì, è facile sentirsi molto sola. È una questione di energia e sintonia. Così come nel mondo fuori. Ma al contrario di quello che si pensa, che tutte le persone lì sono persone cattive, non è così. Per diversi motivi, per come sono andate le nostre vite, siamo finite lì. Ma dentro di noi, ci sono tante cose buone. Le persone che ho incontrato lì nel carcere sono state molto belle con me, solidali. Io sono arrivata che non conoscevo nessuno, neppure la lingua. Non avevo soldi per comprare niente. Mi hanno dato una mano, comprandomi il balsamo per i capelli, il caffè, lo zucchero, senza aspettarsi niente in cambio. Qua fuori, è più difficile che qualcuno faccia questo per me. Certo che anche le persone fuori hanno il buon cuore, ma non c'è la solidarietà così come l'ho vissuta lì. Lì, siamo tutte nella stessa barca, e si cerca di stare il meglio possibile, e si capisce subito che questo vuol dire sostenere gli altri, che poi sosteranno te. Era qualcosa di molto bello perché sapevo che loro erano lì per me, al 100%.

Siamo uscite e ora viviamo in varie parti del mondo ma ci sentiamo spesso perché c'è un legame forte, particolare, direi unico, proprio per l'esperienza che abbiamo vissuto insieme. Sappiamo che fra di noi possiamo parlare di qualunque cosa e non ci giudichiamo. Questo è molto diverso da un'amica fuori che non potrà mai condividere quello che ho vissuto lì.

Adesso sono molto preoccupata per l'isolamento creato dal Covid all'interno del carcere. Per i livelli di aggressività. Cerco di immaginare un giorno lì senza fare niente, senza percorsi come il vostro. Mi sento malissimo e non so che fare se non pregare per loro. Mi ricordo benissimo lo spazio: due corridoi ad angolo retto, ad 'L', venti celle da una parte e venti dall'altra, più una saletta e una stanza lavanderia per lavare i vestiti. Finito lì. Contavo i miei passi ed erano 35 metri per camminare, camminare, camminare. Facevo spesso quel cammino avanti e indietro. Non si poteva fare altro. Ho sentito che a causa del Covid hanno chiuso anche le visite famigliari. Le persone diventano aggressive perché la situazione va oltre la propria tolleranza. È proprio impossibile passare la vita a fare niente, tutto il giorno, tutti giorni. Non avevamo niente: matite colorate, carta, cose per fare arte. Niente di tutto questo. Dipendevamo dai corsi come il vostro.

La mia cella era l'ammirazione di tutte perché grazie al percorso di arte terapia l'avevo resa bella e unica, personale. Avevo appeso i miei disegni alle pareti per avere uno spazio che in qualche modo era 'mio'. Le mie amiche mi avevano insegnato come fare per appenderli: ogni disegno era in una busta di plastica per proteggerlo perché usavamo il dentifricio per appenderli dal momento che non avevamo lo scotch, lo scotch è qualcosa di molto prezioso. Per averlo staccavamo il pezzettino che c'è nell'imballaggio delle bottiglie dell'acqua, quindi, usavo quel pezzettino di scotch per chiudere la busta di plastica, poi, con il dentifricio, lo attaccavo alla parete. Le persone entravano nella mia cella, ed erano stupite: "ma questi li hai fatti qui?" Quando sono andata via, me li hanno chiesti. Mi lasci questo? Mi lasci quello? Erano pezzettini della mia anima, le mie lacrime erano lì, in questi disegni. Ma era importante anche per me lasciarli lì nel carcere con le mie amiche perché così sapevo che un pezzo di me rimaneva con loro, quando guardavano ai disegni, avrebbero pensato a me.

Ho portato a casa pochi dipinti, ma ciascuno significa tanto per me. Ogni volta che li guardo so che sono cresciuta, so che ho vissuto e so che non c'è niente nella vita che non posso superare. Se ho superato quello, posso superare qualunque cosa.

I PERCORSI DI ARTE TERAPIA

Il gruppo di arte terapia era uno spazio in cui potevo essere persona e non più detenuta. Mi dicevo: "la mia vita qui è in pausa". Ma quando arrivavate voi, era: "Eh! Sono in play!", sto facendo qualcosa che ha un senso, qualcosa per me. Tante grazie a tante persone che veramente ci hanno aiutato. In tutti corsi, quando entravo ero Cristina la persona e quando uscivo tornavo Cristina la detenuta. Ci avete fatto sentire persone, ciò che eravamo fuori dal carcere. Nei vostri percorsi, eravamo tutte uguali, indipendentemente di quello che avevamo fatto. In quello spazio eravamo liberi di esprimerci, di dire, di dipingere per terra. Mentre uscendo da quella porta, già quelle cose non si potevano più fare. L'arte terapia è questo: sentirsi liberi dentro.

Con voi, esploravamo diversi materiali e ne traevamo diverse esperienze sensoriali. Mi piaceva molto il fatto che ognuno potesse scegliere di usare quello che si sentiva in quel momento. La libertà di scelta era molto importante lì in quel momento. Anche perché ognuna di noi era molto diversa, ed eravamo anche in momenti diversi del proprio tempo lì e quello che poteva essere successo quel giorno stesso colorava la seduta, ad esempio mi ricordo una seduta in cui ero proprio triste. Quel giorno avevo litigato con la mia amica. Nel gruppo c'erano ragazze che erano amiche comuni. Mi ricordo che avevo preso un pezzo di stoffa e l'avevo messo lì sul foglio in comune ma non sapevo che farne. Una di queste altre ragazze ha messo sopra delle fotografie per creare un collage e ha detto che era una finestra e la sua foto rappresentava la vista fuori. Era come se avesse letto nella mia mente la mia intenzione quando ho messo la stoffa lì, prima ancora che lo sapessi io. E così queste ragazze hanno dato un senso al mio pezzo. Era come se io ero persa e loro mi hanno trovato, dando un significato a quel disegno. Mi è arrivato così un grande senso di solidarietà. Le altre donne lì ti aiutano. Non sei sola. Era come un messaggio per dirmi che eravamo ancora amiche. Mi sono sentita di nuovo collegata con loro. E poi, uscendo da quell'incontro, abbiamo parlato insieme e confermato la nostra amicizia. Ti può sembrare banale ma per me era sopravvivenza. Fuori puoi andare via se litighi con una persona ma lì dentro ti devi vedere tutti giorni. Non ci sono spazi per sfuggire.

Io ho partecipato a tutte le attività proposte dal carcere (scuola, teatro, canto, gioielleria) e ogni attività mi ha dato qualcosa. Ciò che distingue il percorso di arte terapia dagli altri secondo me è che portava fuori quello che uno aveva dentro. Così ho testimoniato per molte donne che hanno espresso lì quello che non erano riuscite a esprimere fino a quel momento, chi piangeva e non era riuscita fino ad ora a piangere, com'è successo anche a me. Era bello vedere anche il pensiero dell'altro. È strano ma è come se in quello spazio, usciva sempre la verità sul foglio. Non si poteva mentire. Mi ricordo il disegno di una mia carissima amica: ha rappresentato lei con la sua famiglia che stavano scalando una montagna. E lui, suo marito, era quello più in alto, proprio perché lei lo vede così: in alto, superiore a lei. Era da tanto che volevo aiutarla a vedersi alla pari di suo marito. Lei lo ama tanto. Ma lo vede sopra di lei. E io: "No! Le relazioni sono uguali. Alle pari." E lei: "è che lui è arrampicatore. Lui conosce più cose. Sa più di me." Per lei, non era alla pari di suo marito e il suo disegno rappresentava proprio questo.

L'arte terapia porta fuori quello che hai dentro. Mi ricordo quella ragazza che diceva che non sapeva dipingere, era incinta col decimo figlio. Era molto timida e insicura. Vedevo che i suoi disegni rispecchiavano come si sentiva lei. Erano come rannicchiati. Compressi. Non prendevano spazio sul foglio. Volevo tanto che esplodesse per riempire il foglio. Invece, era sempre nell'angolino. Attraverso il disegno, vedi la persona, la sua anima.

Una delle cose che ricordo in particolare era la ragazza bionda che ha fatto l'albero marrone. Mi ha toccato molto perché era una ragazza sempre molto triste ma lo scambio che è avvenuto dentro il gruppo di arte terapia mi ha permesso finalmente di vederla aprirsi alla speranza, ad un raggio di sole.

Lì nel gruppo aveva disegnato un albero tutto marrone, invernale, senza foglie (Fig. 17). Era triste per me vedere che lei vedeva tutto buio. Invece, lì nel gruppo, è riuscita a fare entrare l'amore vero, accettando che il gruppo aggiungesse della frutta al suo albero. Lì ho visto quell'altra parte di lei. Aveva solo vissuto cose buie nella sua vita. Era una ragazza molto sola e noi lo sapevamo. Cercavamo di darle

Figura 17 - Albero spoglio, acrilico su carta, 33 x 48 cm. - 2018

quell'abbraccio, quell'affetto per dimostrarle che c'è un altro lato della vita, per dirle che oltre a quello che lei aveva vissuto, c'era la possibilità di sperimentare cose diverse, di stare bene. Ma doveva iniziare da lei. Lì, in quel gruppo, quello che era successo ci ha colpito e fuori dal gruppo abbiamo cercato di usare quello spiraglio di apertura in lei per aiutarla di più in modo che potesse fare qualcosa con la sua vita. Per lei, era la prima esperienza in carcere. Sappiamo come, per le ragazze così fragili, comincia così il circolo vizioso da cui è difficile tornare indietro. Lei era stata tossicodipendente. Prendeva il metadone. Ma adesso è uscita, siamo amiche su Facebook e so che sta bene. Non ha avuto ricadute.

Ma ora vi racconto di me e del mio percorso personale. I percorsi di gruppo di arte terapia erano annuali, e ognuno rappresenta per me una tappa del mio viaggio in carcere. Partecipai al primo percorso dopo circa sei mesi che ero dentro e quel primo gruppo era per me l'occasione per esprimere il mio senso di colpa per quanto accaduto e liberarmene. Il secondo gruppo, l'anno successivo, era l'esplorazione di cosa voglio fare quando esco di qua. Il terzo gruppo nel terzo anno di carcere era la fantasia di essere già uscita. Era la speranza, vedevo la luce più vicina a me e i disegni lo rispecchiano, raccontano questo.

Nell'ultimo gruppo ho lavorato sul saluto e i sensi di colpa per abbandonare le mie amiche. Ho fatto regali per lasciare a loro.

Il primo percorso è sicuramente quello che ha avuto più impatto su di me, perché ho pianto tanto, e perché ero appena arrivata nel carcere. Mi ha aiutato tanto ad accettare questa mia nuova realtà. Volevo un abbraccio e l'affetto che mi mancava tanto, e lì l'ho trovato. Quando è iniziato il percorso, avevo un solo desiderio impossibile, quello di uscire dal carcere. Ero 'alla deriva', come la barca che ho disegnato, in balia del mare, perché non avevo ancora avuto il primo processo (Fig. 18). Così non avevo neanche idea di quanto tempo avrei dovuto stare lì. Sapevo solo che volevo tornare a casa dalla mia famiglia. Mi ricordo una canzone che mi cantava mia zia, che si chiama, "barca alla deriva". Quel mare lì, mentre lo dipingevo, ogni pennellata era come un gesto che mi portava via di qui. Sono belli i ricordi del vostro percorso. Veramente. Fanno bene. Avete fatto in modo di farci aprire. Non tutti si aprono. Ma funziona lo stesso. E a volte parlavamo con uno di voi. È più facile parlare una ad una che non a tutto il gruppo. A molte non piace parlare davanti a tutti delle proprie cose. È difficile.

L'arte terapia mi dava uno spazio per esprimere il mio senso di colpa. Entrando in carcere, mi sentivo molto in colpa per aver abbandonato e tradito la mia famiglia. Per quello che ho fatto passare alla mia mamma, a mio padre e a mia figlia. Dipingere, sentire, poter parlare … non so quanto sono riuscita a raccontare con le parole ma non c'era bisogno. Sentivo gli altri parlare e mi vibravano le parole in gola, mentre stendevo il colore sul foglio. Avevo proprio bisogno di liberarmi e piangere. E l'ho fatto. Sentivo quel corso come un grande abbraccio. Mi sono sentita stretta, tenuta. Una sensazione che è difficile spiegare: al sicuro, capita, come se qualcuno mi abbracciasse. Era così profondo che è fisica la sensazione. La ricordo tuttora.

Respiro, chiudo gli occhi e penso a quel momento lì. Avevo molta angoscia perché non potevo lavorare in quel momento e mandare denaro alla mia famiglia. Volevo fare qualcosa per loro ma non potevo fare niente. Il disegnare le farfalle e altro era quell'illusione, che avrei portato questo disegno a casa, che l'avrebbero visto loro, e in quel momento pensavo a loro, e stavo con loro. Mi dava la possibilità di potergli dire almeno che stavo facendo qualcosa. Lì quando ho fatto il primo percorso era solo da 2 mesi che avevo contatti con la mia famiglia, ho fatto 4 mesi senza poter comunicare con loro. Mi uccideva non saper niente di loro. Ero molto sensibile. Nel corso potevo finalmente rilassarmi. In quel momento lì, la mia mente non era là. Ero in un corso, fuori, di pittura. Erano momenti felici per me. Uscire da questa quotidianità, fare qualcosa di diverso. Dentro il corso, anche il mio pensare alla famiglia cambiava. Era bello e divertente pensare a loro. Mi faceva stare bene invece che male.

Figura 19 – Sole con macchie, acquarello su carta, 18 x 24 cm. - 2017

Ho fatto il sole: arancione e giallo (Fig. 19). Ma aveva delle macchie nere. I miei sensi di colpa. Sentivo che avevo avuto tante cose buone nella mia vita, ma perché avevo preso quella decisione di fare quella cosa lì, adesso rimanevano quelle macchie, che non vanno via. Non si può cancellare quello che è fatto. Ma quando abbiamo parlato di questo, pian piano ho capito che ci sono le soluzioni. Ma in quel momento, ogni macchia era un errore nella mia vita. Questo è come lo sentivo.

Adesso posso parlarne senza giudicarmi, senza stare male. Adesso lo so che niente è così terribile che non riesca ad affrontare. Niente mi manda nel baratro, mi butta per terra. Se ho superato quella cosa lì, posso superare qualunque cosa. In questo momento, sono senza lavoro da due mesi. Ma ho le cose basilari per vivere. Si trovano le soluzioni per tutto. Solo l'amore perso non si può affrontare. Lì, ero lontana della mia famiglia. Quello era la punizione più grande. Quest'esperienza mi ha dato una scala diversa di valori e penso a quante persone non riescano a dare valore alla vita fuori, ad ogni cosa, ogni pasto, ogni albero. Mi ricordo il primo giorno che sono uscita, ho abbracciato un albero. Erano quattro anni che non vedevo un albero.

USCIRE DEL CARCERE

L'ultimo percorso di arte terapia rappresentava per me il saluto al carcere. Sapevo che presto sarei uscita. In un incontro, abbiamo creato una nostra valigia e mi ricordo quanto volevo introdurmi fisicamente in quello spazio e portarmi fuori. Erano due i sentimenti. Il primo è il desiderio fortissimo di arrivare alla mia famiglia. L'altro è il dolore di lasciare lì persone che sono importanti, che mi avevano sostenuto e che fanno parte ormai della mia vita, perché la vita trascorre anche lì dentro quei quattro muri. Volevo mettere tutti quei sentimenti contrastanti dentro quella valigia e portarli con me. Aveva la forma di un mobile-credenza per esposizione, trasportabile, con diverse mensole. Era una scala, con chi era più importante in alto. Tutte le persone sono importanti, ma ognuno ha un grado di affetto diverso. Chi era in basso era sempre importante.

Poi c'era il laccio, la corda sopra, per tenerlo in mano e renderlo trasportabile. Era molto importante e molto difficile farlo, importante perché era il filo che collegava là e qua. La vita di fuori con quello che avevo vissuto lì, che volevo tenere con me. Dicevo, non posso mettere il punto finale. Non posso chiudere. Quel laccio voleva dire la trasportabilità, la libertà di potermi muovere di nuovo nello spazio e portare con me quello di cui avevo bisogno.

Quando sono uscita, tante persone volevano sapere com'era la mia esperienza. Non è come fanno vedere in TV. Per me, il carcere era come un albergo di una stella. Sono stata molto fortunata. Era un posto decente. Mi davano da mangiare. Non c'erano trenta persone in cella, qualcuno morto per terra. Vorrei riportare la realtà. Ciò che lo rende un'esperienza insopportabile, non è la deprivazione fisica, che non ho subito, ma quella psicologica, della propria libertà, la propria vita, i propri cari e le proprie passioni.

IL REATO

Mi avete chiesto se le motivazioni sociali per cui le donne entrano in carcere sono diverse da quelle degli uomini e quindi se ci sono motivi di genere. Non posso rispondere a questa domanda ma posso parlare di me e delle amiche che avevo lì. Tutte noi latinoamericane che eravamo lì, eravamo in carcere per traffico di droghe. E ognuna di noi era lì per la situazione famigliare. Avevamo scelto di fare questo per trovare un po' di soldi per aiutare le nostre famiglie. Io l'ho fatto perché volevo avere una casa: comprare casa mia. Avevo un lavoro, la mia famiglia stava bene. Avevo le cose che ho adesso. Il quotidiano. Il mangiare. Ma non potevo fare risparmi. Mi hanno offerto quest'affare. E io l'ho visto facile. Ho detto sì, vado, faccio una vacanza in Italia! O dio! Che vacanza!!! Mi hanno offerto i soldi che servivano per la quota iniziale della casa. E poi, invece di pagare l'affitto, avrei pagato il mutuo. Questo era il mio calcolo. Le mie amiche lì, situazioni simili. Volevano fare qualcosa per investimento, pagare un debito o un intervento costoso ospedaliero.

Non sono andata a cercarlo ma la proposta mi è arrivata attraverso conoscenze indirette di lavoro. Un giorno mi hanno detto che avevano bisogno di una persona che faceva questo e quest'altro. Ero capace di farlo? All'inizio ho detto di no. Due mesi dopo, mi hanno contattata di nuovo. Ma questa volta mi hanno detto quanto avrei guadagnato e, a sentire questo, ho detto di sì. E dopo ho pianto tanto tanto tanto nel carcere per aver fatto quella scelta. Io non avevo mai fatto niente di male nella mia vita. I miei genitori sono persone per bene. E ho fatto questo. Tanto sbagliato.

Dovevo solo fare conoscere due persone in modo che poi dopo loro avrebbero fatto i loro affari. Chiaramente sapevo che gli affari non erano legali, ma io dovevo solo presentare l'uno all'altro e poi sarei tornata a casa con i soldi, e un viaggio in Italia di dodici giorni. Non sono come le altre ragazze che avevano le droghe con sé. Infatti, per questo, mi sembrava un reato minore. Invece, mi hanno dato più tempo. 9 anni, ridotto a 6 e poi a 4. All'inizio ero tanto arrabbiata e non capivo. Perché le altre ragazze che effettivamente avevano avuto a che fare con la droga, avevano preso solo 1 o 2 anni? Ma poi ho conosciuto una ragazza italiana e ho capito. L'hanno messa in cella con me. Era tossicodipendente. E la sua situazione era più grave di tutte le altre. Lei aveva qua sul collo una cicatrice per tutte le volte che si era iniettata le droghe. Le sue mani erano gonfie, gonfie e rosse. E come tutti, all'inizio giudicavo. Ma perché? È facile smettere, ci vuole solo un po' di forza di volontà, ecc. ecc. Ma quando ho cominciato a conoscerla, a capirla, a entrare in sintonia ho cambiato opinione, lei mi ha raccontato la sua vita, come è arrivata alle droghe, e come la droga ha cambiato la sua vita. Lei prendeva il metadone. Quando parlavo con lei, a volte si addormentava, così, a metà parola. Lì, così, seduta, addormentata. E in quel momento lì, ho capito perché avevano dato a me tanto tempo. Perché io non avevo capito il danno che fa la droga, quello che fa alla persona, che perde la sua vita, la sua famiglia, suo affetto. Perde tutto. E le rimane solo la droga. Messa in cella con lei, capii perché mi hanno dato tutti quegli anni. E dico grazie a Dio che mi è andata bene. Perché lo sapevo che loro andavano a fare grandi affari. E io stavo partecipando a quello. Non direttamente. Ma io ero lì. E mi ero prestata a fare quella cosa lì. E avevo tanta colpa come loro. E mi chiedo, come ho potuto farlo? Io che ho una famiglia, dei nipotini e tante belle cose nella vita. La cosa più dura è il buco che questo ha lasciato nel cuore di mia figlia. Perché tutti quegli anni non li recupero.

Cristina, partecipante ai seguenti progetti di Arte terapia presso la Casa Circondariale "Rocco d'Amato" (La Dozza) di Bologna:

"Mandala e Libertà" - 6 incontri di 90 minuti settimanali, settembre-ottobre 2017 (7 partecipanti), nell'ambito del progetto volontariato "Non Solo Mimosa". Arteterapeuti: Tiziana Massa e Francesca Rippa.
"Memoria e Futuro" - 7 incontri di 90 minuti settimanali, agosto - ottobre 2018 (11 partecipanti), nell'ambito del progetto volontariato "Non Solo Mimosa". Arteterapeuti: Tiziana Massa e Rivkah (Rebecca) Hetherington

"Zona Franca" - 8 incontri di 90 minuti settimanali, agosto - ottobre 2019 (10 partecipanti), progetto di Art Therapy Italiana, supervisionata da Mimma Della Cagnoletta e Loretta Salzillo, con finanziamento dalla Fondazione del Monte di Bologna e Ravenna. Arteterapeuti: Tiziana Massa e Rivkah (Rebecca) Hetherington

Intervista a cura di Rivkah (Rebecca) Hetherington.

TESTIMONIANZA DA PARTE DELLA FOTOGRAFA DEL PERCORSO, ELENA FACCHINI

Ho assistito a diversi percorsi di Arte terapia nel corso degli ultimi anni in qualità di fotografa.

Ma non mi limito a documentare un'attività, la voglio vivere e restituire nella sua totalità.

Il mio ruolo è quello del narratore silenzioso. Il mio scopo è quello di fermare il tempo per brevi istanti e raccontare con le immagini le emozioni delle persone, l'entusiasmo di vivere qualche ora in maniera alternativa e colorata, la malinconia dei gesti e dei luoghi che si ripetono quotidianamente, la spensieratezza del condividere e toccare con mano strumenti e materiali che riportano i pensieri all'infanzia, e tanti altri stati d'animo sempre diversi che io non voglio farmi scappare.

Cerco di stare dietro le quinte, voglio lasciare alle donne lo spazio di cui hanno bisogno per distaccarsi dalla loro attuale realtà. E spesso mi è stato concesso anche molto di più: entrare nel loro "intimo", perché il momento creativo è sicuramente qualcosa di molto personale, consentendomi di realizzare ritratti pieni di voce e sentimenti, ascoltare le loro storie e condividere un breve tempo insieme di spensieratezza reciproca.

E tutto questo è un grande dono anche per me.

POSTFAZIONE

Cornice tecnica ed istituzionale ai progetti di arte terapia

Il primo ingresso dell'Arte terapia nella sezione femminile del carcere di Bologna è avvenuto nel 2016 e gli interventi si sono strutturati in cicli della durata di circa due mesi con cadenza settimanale. Siamo entrate nel contesto di riferimento del progetto "Non solo mimosa" voluto, ideato e coordinato dall'allora Consigliera del Comune di Bologna Mariaraffaella Ferri. Tale progetto, tutt'ora in essere ma al momento della scrittura bloccato dal Covid, si pone l'obiettivo di occuparsi della cura della donna sul piano fisico, psicologico, relazionale, intimo e di veicolare contenuti ed attitudini di cura di sé per arginare il senso di degrado e di abbandono che accompagnano la detenzione. Tali interventi, concordati con la Direzione del Carcere, sono a cura di professionisti in vari e specifici settori, che offrono le loro competenze in forma volontaria.

Desiderando dare maggior stabilità al progetto ed in risposta alle richieste delle donne partecipanti per una presenza dei laboratori di arte terapia più continuativa nella Casa Circondariale, ci siamo attivati per cercare finanziamenti. Il progetto è stato così ufficialmente adottato da Art Therapy Italiana, Associazione Culturale al quale appartiene la nostra scuola di formazione, e per i cicli di Arte terapia del 2019 (Zona Franca) e del 2020 (Poiché lo Sono) sono stati ottenuti finanziamenti dalla Fondazione del Monte di Bologna e Ravenna, fondazione bancaria molto attiva sui nostri territori in ambito socioculturale. A causa del Covid, i finanziamenti del 2020 sono stati congelati in attesa della ripresa delle attività in Carcere e la conseguente realizzazione del prossimo progetto.

I gruppi di arte terapia si sono caratterizzati come gruppi semi-aperti fino ad esaurimento posti. Una caratteristica assolutamente peculiare di questo contesto è la coesistenza di donne molto diverse per estrazione sociale, educazione e provenienza. Ci siamo così trovate ad avere, nello stesso gruppo, l'analfabeta e la laureata, donne di differenti età anagrafiche e di differente lingua madre. Inoltre, come evidenziato nel racconto di Cristina, molto varia è anche la prospettiva fra chi sta cominciando la pena e chi sta invece per uscire, fra chi ha pochi mesi da scontare e chi, invece, affronta una pena lunga anni.

Come riporta il racconto di Cristina, la centralità del processo creativo negli incontri di arte terapia ha favorito la possibilità di trovare un linguaggio comune e un immaginario capace di tessere un filo unitario fra le differenze favorendo lo scambio di sentimenti profondi anche in presenza di una grande eterogeneità.

Inclusione e integrazione

INCLUSIONE E INTEGRAZIONE rappresentano il focus dell'intervento. Nel panorama di riferimento dell'intervento individuiamo degli opposti, definibili con un "dentro" e un "fuori" a livello sociale e con un "prima" e un "dopo" a livello individuale. L'azione vuole trovare il suo sviluppo contemporaneamente su una linea orizzontale e su di un'altra verticale che si intersecano come due assi cartesiane. L'orizzontale afferisce al piano della relazione fra tutti gli attori di un "dentro" e di un "fuori" (detenute, istituzione carceraria, polizia penitenziaria, arteterapeute, istituzione municipale e territoriale, i cittadini) e la verticale afferisce al piano dello sviluppo individuale e personale attraverso la proposta di un percorso di terapia espressiva.

Inclusione e integrazione sul piano sociale

Ricercando l'applicazione del nostro strumento in questa direzione e con questa consapevolezza profonda entriamo in carcere facendo bene attenzione a sospendere ogni giudizio e sapendo che il nostro compito è quello di fornire strumenti adeguati che permettano alle donne la gestione di questa difficile fase di vita. Per fare questo, partendo da noi, ci siamo interrogate intimamente sulle motivazioni alla base della scelta di lavorare in carcere e sul bisogno di "fare pace" con parti di noi in ombra e, forse, potenzialmente capaci degli stessi reati perché ogni esperienza umana appartiene all'umanità intera e l'estromissione dell'ombra è fonte di disagio sia a livello individuale che sociale [7]. Pur senza sposare una visione utopica di quello che potrebbe o dovrebbe essere un mondo ideale, ci fermiamo a riflettere in profondità sul significato simbolico della necessità sociale di affidare la propria sicurezza alla reclusione e quindi alla scissione.

In ogni città sul cui territorio è presente un carcere quest'ultimo è spesso una realtà scissa e rimossa rispetto al tessuto sociale e urbano cittadino. In continuità con la riflessione precedentemente espressa sul valore di integrazione insito nell'arte terapia ed in sintonia con il progetto del quale siamo parte, abbiamo abbracciato l'idea di non relegare l'intervento solo

---

[7] Ci riferiamo ad esempio agli esperimenti di Milgram e Zimbardo discussi da Antonino Urso (2013).

all'interno ma di portarlo all'esterno con la dichiarata intenzione di portare il carcere "fuori" e la città "dentro".

Al compimento dei primi 5 anni del progetto "Non solo mimosa" si è deciso di rendere visibile l'esperienza alla città tramite mostre e conferenze, per l'occasione abbiamo pensato di ripetere, in breve condensandolo in tre incontri, il ciclo di arte terapia realizzato in carcere nel 2019 dal titolo "Zona Franca" proponendolo ad un gruppo eterogeneo di cittadini. Nella sede istituzionale del Comune di Bologna, nel novembre 2019, si sono tenuti tre laboratori che hanno visto la partecipazione di una trentina di persone ciascuno. E' stata l'occasione per portare il Carcere e la detenzione alla sensibilità dei cittadini, tematiche per molti completamente estranee e contattate per la prima volta ma, può accadere invece, come è accaduto, che fra i partecipanti ci sia qualcuno che, per svariati motivi, ha vissuto personalmente l'esperienza trovando quindi una occasione preziosa per parlarne nell'intimità del piccolo gruppo di lavoro.

Un altro punto sul quale è importante porre attenzione è il ruolo della Polizia Penitenziaria. Riteniamo sarebbe utile e opportuno offrire percorsi di arte terapia anche alle persone che svolgono questo difficile compito. Ci è risultato lampante il cambiamento, negli anni, degli Agenti di Polizia Penitenziaria nei nostri confronti che, da sospettoso e poco disponibile, si è invece trasformato in un rapporto collaborativo e di fiducia. Il messaggio passato attraverso l'esperienza vissuta è che se il livello di malessere delle detenute viene "trattato" e trasformato a beneficiarne sarà tutta la comunità carceraria. Nella nostra piccola realtà abbiamo visto, anno dopo anno, sciogliersi alcune delle rigidità dovute alla diffidenza che accompagna l'entrata di "estranei" in questo luogo tradizionalmente chiuso contribuendo così a costruire quel ponte da dentro a fuori, e viceversa, che vuole attenuare la separazione del carcere dal resto della città e alleviare il senso di isolamento.

Inclusione e integrazione sul piano individuale

Vivere in stato di detenzione rappresenta una drammatica e traumatica rottura con quella che è la propria vita fino ad un "certo momento". Significa cambiare improvvisamente tutti i parametri della propria esistenza, spesso già molto segnata, per affrontare una sospensione, più o meno lunga, di un tempo del quale non si può più disporre, significa perdere molti dei diritti che, fuori, si ritengono scontati e banali. I nostri interventi laboratoriali mirano a dare la possibilità a ciascuna donna di ricucire lo strappo fra il prima e il dopo, di far prendere coscienza e nominare il presente, di recuperare, nella dimensione protetta del gruppo di arte terapia, istanze squisitamente umane per tornare a sperare.

Nei vari cicli condotti abbiamo proposto temi diversi ma accomunati dalla necessità di portare le donne ad esperienze che potessero trascendere il dolore e la povertà della condizione presente per farle accedere alla ricchezza di una creatività guidata. Il potenziale trasformativo del processo artistico è potente ed immenso; se opportunamente guidato alla riscoperta di ciò che ci appartiene originariamente, cioè la capacità di costruire nuovi significati, nuove scale valoriali, nuove capacità relazionali ed introspettive, può veramente essere in grado di cambiarci da dentro, con risorse interne, aprendoci potenzialità tanto nascoste quanto ignorate.

Cristina ci descrive l'importanza del gesto, delle sue pennellate di colore che accompagnavano le parole degli altri, dell'azione creativa che le permetteva di stare lì nel gruppo, accolta e 'abbracciata', sentendo che i suoi sentimenti trovavano spazio ed espressione senza il bisogno gravoso di usare la voce e la parola per comunicare un mondo interno soverchiante, intriso di colpa, abbandono e lontananza. Un caos di sentimenti disperati che ha trovato un punto di approdo nel foglio, nei materiali e nel gruppo.

Bibliografia e Sitografia

Gussak, D. (2020) *Art and Art Therapy with the imprisoned: re-creating identity*, Routledge Nazioni Uniti (2020)

https://unric.org/it/agenda-2030 (visitato: 10/10/2020)

Ogden, T. (1989) *The Primitive Edge of Experience*, Aronson

Osservatorio dell'Associazione Antigone (2021)

https://www.antigone.it/osservatorio_detenzione/emilia-romagna/84-casa-circondariale-di-bologna-dozza (statistiche recuperate dall'osservatorio detenzione dell'Associazione, sito visitato: 16/10/2021)

Urso, A. (2013) Paura di vivere: senso della vita e valori di riferimento, *Scienze del pensiero e del comportamento*, Roma, 17(1)

Ringraziamenti

Vorremo ringraziare le seguenti associazioni, istituzioni e aziende che hanno creduto in questo progetto e che continuano a sostenerci in modo che l'arte terapia torni nel Carcere nonostante la pandemia:

Il Ministero della Giustizia

La Direzione della Casa Circondariale "Rocco d'Amato" (La Dozza) di Bologna

La Fondazione del Monte di Bologna e Ravenna

G.D S.p.A.

Progetto "Non Solo Mimosa"

Associazione Art Therapy Italiana

Biografie

Tiziana Massa si è laureata in Scienze Geologiche. In seguito i suoi interessi si sono rivolti al linguaggio artistico ed estetico nonché alla sperimentazione, osservazione e studio del processo creativo trovando una risposta completa ed appagante nella formazione presso il MIC (Museo Internazionale della

Ceramica) di Faenza, in particolare apprendendo il metodo di Bruno Munari applicato alla lavorazione dell'argilla nel laboratorio didattico "Giocare con l'arte" attivo presso il MIC e alla Scuola di Formazione per "Ceramista progettista" sempre a Faenza. Ha portato avanti la sua ricerca sia sul piano dell'espressività personale che come studio delle applicazioni terapeutiche del processo artistico e creativo in parallelo alla sua occupazione presso la Regione Emilia-Romagna. Tale ricerca l'ha portata nel 2009 ad iniziare la scuola di formazione come arteterapeuta presso ATI Art Therapy Italiana, formazione che si è conclusa nel 2015. Come ceramista ha partecipato a varie mostre personali e collettive e ha condotto vari laboratori per bambini. Come arteterapeuta ha condotto laboratori presso il Day Hospital per i Disturbi del Comportamento Alimentare dell'ospedale Sant'Orsola-Malpighi di Bologna e, al momento, in co-conduzione con Rivkah (Rebecca) Hetherington, presso la sezione femminile del carcere di Bologna.

matiza@virgilio.it

Rivkah (Rebecca) Hetherington è Arteterapeuta formatasi presso l'Art Therapy Italiana, iscritta ad ApiArt (Italia) è registrata all'HCPC (Regno Unito) col titolo 'Art Psychotherapist'. È psicologa iscritta all'Albo della Regione Emilia-Romagna. Il suo particolare interesse per l'elaborazione di vissuti traumatici l'ha portata a specializzarsi nel Clay Field e il Disegno Bilaterale presso l'Istituto di Arte terapia Sensorimotoria (Australia) ed a formarsi in Somatic Experiencing (Italia). È un'artista con una laurea e un master in Belle Arti nel Regno Unito, dov'è cresciuta, e si è laureata in Italia in Psicologia (2021). Vive a Bologna dove svolge il suo studio privato, lavorando con bambini, adolescenti e adulti espandendosi on-line dall'epidemia di COVID-19. Il suo interesse per la giustizia sociale l'ha portata a realizzare progetti con il carcere femminile (in co-conduzione con Tiziana Massa), con minori non-accompagnati presso il Centro per le Famiglie di Bologna, con donne che si sono rivolte alla Casa delle Donne per non subire violenza a Bologna, e con persone LGBTQI+ in collaborazione con il Centro LGBTQI+ di Bologna. Sostiene l'approccio di coproduzione (la ricerca svolta in collaborazione con chi ha vissuto l'esperienza) e inoltre a questo capitolo ha pubblicazioni con le riviste accademiche "International Journal of Art Therapy" e "The Arts in Psychotherapy". Crede fermamente nell'approccio dell'"alleanza reciproca" di Amber Gray ed è appassionata nel suo obiettivo di rendere l'arte terapia accessibile a tutti/e.

arteterapia.rebecca@gmail.com
www.arteterapiabologna.org

GEWORFENHEIT-GETTATEZZA

di Danila Pittau

*L'uomo è **gettato in un mondo**, cioè si trova ad essere dentro un contesto di cose senza poter sapere il come e il perché. **Gettatezza** significa **"trovarsi ad essere"** , ossia l'idea di essere stato inserito in un contesto a prescindere da ogni intenzione propria, da ogni propria decisione a proposito: nessuno mi ha interrogato sul mio essere al mondo, semplicemente sono stato messo al mondo, sono stato appunto gettato.*

(M. Heidegger,*)

L'ARTE TERAPIA IN CARCERE

L'arte terapia racchiude e raccoglie le tecniche e le metodologie che utilizzano l'attività artistica in tutte le sue declinazioni come mezzi terapeutici, finalizzati al recupero ed alla crescita della persona nella sfera emotiva, affettiva e relazionale. Si tratta di un intervento di aiuto e di sostegno che, tramite l'uso dei materiali artistici, lavora su un piano altro rispetto a quello verbale. Essa si fonda sul presupposto che il processo creativo messo in atto nel *fare arte*, produce benessere, salute psichica e migliora la qualità della vita. L'espressione artistica, facilitata da un arteterapeuta, aiuta a incrementare la consapevolezza di sé, a fronteggiare situazioni di difficoltà ed esperienze traumatiche, a gestire meglio condizioni di stress, a migliorare le abilità cognitive e a godere del piacere che la creatività artistica impregnata di vitalità porta con sé. L'esperienza arteterapeutica si estrinseca in un lavoro sul singolo, atto ad aumentarne l'autostima, la resilienza e le competenze di coping in un contesto di relazione con il gruppo in cui è inserito.

L' atelier di arte terapia non è un semplice laboratorio artistico in cui il prodotto finale rappresenta l'obbiettivo perseguito, né un luogo dove svolgere attività di animazione creativa e nemmeno una bottega dove si insegnano tecniche e metodologie didattiche di carattere artistico. L' atelier è un luogo speciale, un setting che ha un suo spazio e un suo tempo, dove le procedure artistiche vengono coniugate con orientamenti e fondamenti delle teorie della psicoanalisi, della psicologia, della pedagogia, dell'antropologia e della comunicazione non-verbale, in una disciplina, chiamata appunto Arte terapia, che concentra la propria attenzione sul processo artistico-espressivo. Condividere l'esperienza di un laboratorio espressivo di arte terapia offre ai partecipanti l'opportunità di godere del piacere di creare con materiali artistici, di esprimere e rielaborare sentimenti, pensieri e vissuti attraverso il linguaggio non-verbale dell'arte. Le possibilità fornite dal materiale artistico, assieme alla relazione che si instaura con l'arteterapeuta, sono le basi su cui si fonda la struttura dell'atelier. Far sperimentare all' utente una relazione dove siano presenti l'empatia, l'accettazione incondizionata e l'assenza di giudizio, gli permetteranno di riacquistare fiducia in sé e nell' altro, poiché non esiste crescita al di fuori di quello scenario fertile che è dato dalle relazioni costruttive tra persone. Nell'arte terapia il valore e la funzione profonda dell'elemento artistico si fanno cura dell'anima. È chiaro che per poter portare avanti un laboratorio esperienziale improntato sulle modalità dell'arte terapia all'interno di un istituto penitenziario occorre confrontarsi con una serie di fattori. In primis con la direzione e con l'area educativa che devono esaminare e vagliare la valenza e l'utilità del progetto che si propone ai fini di un più grande obbiettivo di rieducazione e di reinserimento sociale del detenuto. L'attività dell'arte terapia in Italia non è ancora molto conosciuta e spesso viene confusa e assimilata a semplici attività ricreative, che pure hanno la loro importanza, ma che non corrispondono al lavoro e le finalità che vengono perseguite all'interno di un atelier. Inoltre, molte volte la parola "terapia" spaventa evocando scenari di cura psicologica che vengono differiti al personale medico. Se vogliamo aggiungere a tutt'oggi l'assenza di un albo professionale della categoria, troppo spesso ci troviamo purtroppo, a scontrarci con una serie di improvvisati e mistificatori, che si offrono come professionisti dell'arte terapia, generando nei clienti confusione e ambiguità. Inoltre, spesso il personale che si occupa della rieducazione è sommerso dal lavoro e si trova ad operare con grosse carenze di unità. Occorre dunque riuscire a scardinare i pregiudizi e le false convinzioni per poter giustificare l'importanza di tali tipi di interventi. Poi ci si deve confrontare con la sorveglianza e riuscire a conciliare i limiti della sicurezza con le esigenze del lavoro e con le peculiarità dei materiali e dei manufatti che si andranno a realizzare custodiscono. In ultimo il confronto fondamentale avviene con gli utenti. In carcere esiste una forte tendenza da parte dei detenuti ad abbandonare le attività, scoraggiati dal peso che la detenzione comporta. Essi vedono la propria vita scorrere immobile dietro le sbarre, privati della cosa più importante a cui ogni essere umano naturalmente tende. La libertà. Ed è difficile allora per loro trovare valide motivazioni per partecipare all'attività. Ed è anche difficile portare materiale da proporre per chi vive lontano da tutto e magari ha davanti a sé condanne lunghissime da scontare. Allora il senso dell'attività per me è quello di costruire un altro tipo di libertà. All'interno di uno spazio interiore fatto di una riscoperta del proprio IO liberato dalla paura e dalla diffidenza. Un IO che ha il coraggio di rivedere la propria vita e di perdonarsi. Che ha voglia di cambiare e di ricominciare, partendo da quel bambino mancato e violato che molti di loro sono stati. Nell'atelier all'interno di una rigida cornice di regole esercitiamo dunque la libertà. La pratica della creatività accolta, coccolata e curata come un bene prezioso porta al riscatto. E la bellezza che gli utenti esplorano e riproducono esce dal carcere. Va a testimoniare la loro voglia di ricominciare e la speranza che non li abbandona. Racconta il loro sogno di potersi ricostruire una vita che risplenda come i volti ieratici e dorati delle figure delle loro icone.

IL PROGETTO "ATELIER I GENTILUOMINI DI SAN PAOLO"

A partire dal giugno 2016 presso la sezione Protetti ha preso il via il progetto rieducativo che si avvale dell'arte terapia. Gli utenti oscillano da un minimo di sei ad un massimo di venti.

Gli incontri si sono tenuti con cadenza settimanale, nell'area preposta per le attività dei protetti in tre celle che si affacciano su di un lungo corridoio. Inizialmente gli utenti sono stati divisi in due turni, mattina e pomeriggio, di due ore ciascuno. In seguito, dato che i partecipanti volevano usufruire al massimo delle ore destinate all'attività, la direzione li ha lasciati liberi di scegliere di partecipare a piacere a entrambi turni. In atelier si lavora in gruppo alla realizzazione di icone. Il modello del laboratorio è quello rinascimentale della bottega artigiana, dove ciascun membro partecipa alla vita del gruppo e si occupa di aspetti differenti inerenti alla produzione dei manufatti. All'interno dello spazio di lavoro, ciascuno in base alle sue competenze, alla sua curiosità, alla sua attitudine, ai suoi interessi si può liberamente dedicare ad apprendere e a seguire una o più fasi della lavorazione. Nascono in maniera spontanea dei sottogruppi dove i più esperti istruiscono i nuovi compagni. La fatica e il piacere della realizzazione delle opere è condiviso e nasce dalla indispensabile collaborazione fra i singoli membri. Le competenze personali e la crescita delle abilità tecniche di ciascuno non scatenano sentimenti di invidia e di divisione, ma vengono accolte come risorse che portano all'accrescimento e al potenziamento delle competenze di tutto il gruppo. Il gruppo viene proposto come un sistema, dove anche la più piccola azione, ha il suo significato e la sua importanza, ai fini della sopravvivenza del sistema stesso. Gli utenti sono consapevoli che l'attività va avanti per merito loro. Loro è la responsabilità di quello che il gruppo sarà in grado di sviluppare, sia in termini di beneficio personale, che per poter continuare ad esistere come progetto. La collaborazione fra di loro dà vita ad un tipo di comunicazione altra, che li porta ad entrare in relazione in modalità differenti da quelle che normalmente utilizzano nella loro vita di detenuti. Il tradizionale pattern di diffidenza/indifferenza si annulla, per essere sostituito da un atteggiamento di interazione e di incontro con l'altro. Attraverso il lavoro artistico, gli utenti apprendono il rispetto dei compagni, dei materiali e degli spazi. Imparano il valore della cooperazione che li guida in un percorso comune, per il raggiungimento di obbiettivi condivisi. Imparano a sopportare la frustrazione per l'attesa nei tempi di lavorazione e nella fatica dell'apprendere le tecniche. Si confrontano, e nel gioco dell'esplorazione dei materiali, sperimentano la soddisfazione di scoprirsi competenti e capaci di trasmettere ai compagni le loro conoscenze. In atelier la creatività si esprime in tanti modi. Abbiamo carenza di attrezzature specifiche, dovuta alle restrizioni che la scurezza dell'istituto deve necessariamente imporre. Per sopperire a queste mancanze, il gruppo si adopera anche nella costruzione di strumenti e nell'organizzazione degli spazi, alla ricerca di nuove modalità per rendere più fluido il lavoro. In carcere la necessità sviluppa il pragmatismo, così i pochi oggetti di cui possono disporre, vengono trasformati e assumono funzioni diverse da quelle per cui erano nati. Le soluzioni, spesso sorprendenti e stravaganti, risultano sempre essere pratiche ed efficaci. In atelier si incoraggia la creatività, stimolando i partecipanti ad esplorare le proprie risorse personali e ad impiegarle per il miglioramento personale e degli spazi condivisi. Attraverso l'incontro con il bello, gli utenti possono esplorare le loro emozioni positive, elaborare sentimenti di fiducia e di sana progettualità. L'orizzonte a cui si fa riferimento è quello di un possibile futuro di rinascita a nuova vita, una volta fuori dall'istituto penitenziario. Superato il tema dei modelli rappresentati, squisitamente religioso, il lavoro sulle icone, dal punto di vista spirituale rimanda alla dimensione del sacro. Le figure dipinte rappresentano gli archetipi della famiglia, della maternità, della paternità, dei legami amicali e parentali, e della forza creatrice che muove il mondo. Attraverso l'attività artistica si prestano ad essere rielaborate e restituite ai partecipanti impreziosite e ricaricate di valore. Queste immagini, attinte dalla storia dell'arte, diventano familiari e stimolano interessanti interazioni fra gli utenti che appartengono anche a paesi diversi e differenti professioni religiose. Il confronto è sempre civile, e mette in evidenza quello che la dimensione del sacro ha costruito all'interno delle diverse culture. Vige un naturale rispetto ed accettazione per tutti gli orientamenti. L'accesso in atelier non impone l'obbligo di lavoro. Capita che taluni preferiscano talvolta stare con i compagni senza partecipare alle attività, in silenzio, oppure raccontando di sé o intavolando interazioni verbali sui temi più svariati. In atelier sono a disposizione degli utenti materiali vari e chi lo desideri in piena autonomia può lavorare autonomamente ad un suo progetto che può essere circoscritto a quell'incontro oppure essere sviluppato nel tempo. Talvolta arrivano proposte dal ministero con concorsi di pittura – scultura o poesia. Chi desidera partecipare viene sostenuto e aiutato da me in tutte le fasi. Dall'esame di quello che desidera realizzare, alla predisposizione dei materiali, alla consegna delle opere all'area educativa e spesso anche alla spedizione delle stesse.

Mi occupo anche di organizzare fuori dal carcere mostre e di partecipare a manifestazioni dove vengono esposte le opere realizzate in atelier. Presentare il lavoro dell'atelier oltre le mura ha lo scopo di cercare di sensibilizzare la società civile sull'esistenza di questa realtà sconosciuta e complessa, che non può essere liquidata con il rifiuto o l'oblio. Allo stesso tempo rinforza motivandoli i membri del gruppo che vedono apprezzate le loro fatiche e per inferenza si sentono accettati e riconosciuti. Le loro opere escono dal carcere e raccontano di loro, del loro desiderio di sentirsi parte del mondo di quelli da cui si sono troppo spesso, anche a causa dei loro comportamenti devianti, sentiti respinti. Una volta al mese circa viene dedicata una giornata ad un incontro esperienziale nel quale propongo degli stimoli per lavorare sull'autostima, sulla consapevolezza sulle difese eccetera. Il feedback di questi incontri mi aiutano a farei il punto della situazione e a rinforzare e a rendere consapevole nel gruppo il legame che si va via via costruendo.

COME SI REALIZZA UNA ICONA

Per poter comprendere meglio su come si sviluppa l'attività in atelier spiegherò le fasi di lavorazione delle icone che realizziamo:

La prima fase prevede la preparazione delle tavole che avviene attraverso la stesura di diversi strati di colla di coniglio calda mescolata con gesso, e alla successiva carteggiatura della superficie che deve risultare liscia e compatta. Successivamente si passa al disegno che può essere decalcato, riprodotto tramite la quadrettatura o realizzato a mano libera. Quindi si incide il disegno con una punta dura. Poi la tavola si colora con rosso di Pompei e si procede con le terre e gli ossidi fissati con un legante apposito a colorare con tinte uniformi le superfici delimitate dai solchi. Infine, si lavora sulle sfumature, sulle lumeggiature e sui dettagli. La tavola poi viene dorata, argentata, meccata o patinata e sigillata con gomma lacca a tampone. Sul retro viene applicata una carta e incollato un certificato di garanzia.

ORGANIZZAZIONE DELL'ATELIER

L'attività artistica si svolge all'interno di tre celle, che si affacciano su un corridoio. Le zone sono sottoposte a videosorveglianza che prevede due agenti situati all'interno di una guardiola dotata di monitor all'ingresso del corridoio. Due celle sono adiacenti e una frontale. Dobbiamo utilizzare tre celle perché gli spazi sono piuttosto ridotti e chi li ha pensati non ha previsto lo svolgimento di attività da parte di molte persone. Nella cella principale ci sono dei banchi sistemati a "elle" dove si incidono e si dipingono le tavole. La stanza è dotata di un armadio, una cassettiera, contenitori di cartone costruiti dal gruppo per i materiali e i per i rifiuti. Sul tavolo ci sono pennelli, attrezzi per incidere, contenitori per l'acqua e vasetti con i colori che vengono impastati per essere pronti all'uso. Ci sono anche alcuni piani in plexiglass per mescolare i colori e due pietre in marmo per schiacciare e impastare le terre colorate. Nella cella adiacente un tavolo da ping-pong inutilizzato è stato coperto con cartoni ed è diventato un appoggio dove le opere vengono dorate, carteggiate e sottoposte alla lucidatura finale. Tutt'intorno alla cella, per terra sono appoggiate le tavole finite e quelle in via di completamento. Nella cella di fronte, c'è un fornello con un sistema di pentolini a bagnomaria dove viene sciolta la colla di coniglio che si usa per impastare il gesso. Un vecchio banco e qualche sedia costituiscono i supporti dove gli addetti rivestono le tavole con il gesso e le levigano con la carta vetro. In questa cella, a causa del cattivo odore della colla, e per la polvere prodotta dal gesso che viene carteggiato, la finestra che si affaccia sul cortiletto in cemento, viene sempre tenuta aperta.

SVOLGIMENTO DEGLI INCONTRI

L'apertura dell'atelier avviene nella cella principale dove ci si accomoda e si comincia l'incontro confrontandosi. Si parla di quanto avvenuto durante la settimana, di nuove proposte, di progetti da portare avanti e di temi e i modelli che si desiderino sviluppare. Abbiamo a disposizione la biblioteca da cui attingere le immagini. Talvolta qualcuno suggerisce qualcosa visto in televisione su cui gli piacerebbe lavorare, o ancora arrivano immagini spedite dai parenti, eccetera. Esaurito l'incontro si formano autonomamente i sottogruppi e le persone si dividono per lavorare. Le tavole passano di mano in mano nelle varie fasi di elaborazione e ciascuna opera è veramente il frutto del lavoro collettivo. Io passo da una cella all'altra, fermandomi dove ci sia bisogno di dimostrazioni tecniche, o dove ci siano discorsi nei quali sia gradita la mia presenza. In genere affianco i nuovi giunti, mostrando loro le attività e cerco di aiutarli a trovare una loro dimensione all'interno degli spazi dell'attività. Oppure seguo quelli che vedo maggiormente in difficoltà. Naturalmente le difficoltà tecniche sono spesso le rappresentazioni del disagio interiore che i detenuti vivono e che attraverso i materiali, si affaccia nelle opere su cui stanno operando. In atelier il sostegno del gruppo si adopera al servizio delle problematiche che i singoli manifestano incoraggiando e supportando coloro che sono tristi, preoccupati o angosciati. Al termine dell'incontro del pomeriggio, si ripongono i materiali e ci si reca a visionare le opere concluse nella seconda cella. Si ammirano i risultati raggiunti, si discutono le tecniche e gli utenti si scambiano informazioni su quanto sperimentato. Talvolta davanti alla bellezza di certe opere l'entusiasmo sale e scattano gli applausi spontanei. Applausi destinati a tutti, poiché ogni opera è la somma del lavoro di comune. A turno gli utenti si organizzano per verificare lo stato dei materiali, e mi forniscono l'elenco dei prodotti da rifornire.

I GENTILUOMINI DI SAN PAOLO

All'interno dell'atelier ogni cosa proposta ha un senso e una sua specifica finalità. Ho meditato a lungo sul nome da dare all'atelier. Ho scelto il termine "Gentiluomini", perché sono convinta che le parole abbiano un grosso peso, e ritengo che se si vuole promuovere un comportamento positivo occorra mettere la persona nella condizione di sperimentare un modo differente di essere. Sono convinta che un uomo rifiutato, nella maggior parte dei casi esprimerà un agito reattivo, adottando a sua volta comportamenti aggressivi e di rifiuto. Ma se invece un uomo viene rispettato e trattato come un gentiluomo, questo può promuovere in lui il desiderio di esserlo. Inizialmente il nome dell'atelier suscitava imbarazzo e quasi vergogna nei partecipanti che erano abituati a sentirsi chiamare con ben altri appellativi. Ma col passare del tempo questo titolo li ha resi fieri e orgogliosi di esserlo. Ho scelto San Paolo, perché all'inizio della sua esistenza egli rappresenta il prototipo dell'antieroe, e quindi una figura in cui molti degli utenti si possono riconoscere e identificare. Poi "cade", cioè si trova a toccare il fondo, e questa esperienza lo porta a rivedere tutta la sua vita, fino ad adottare uno stile completamente diverso. La sua storia rappresenta la metafora che anima il progetto del gruppo dei Gentiluomini di San Paolo. Siamo tutti consapevoli che anche se la nostra vita può essere precipitata, è proprio dalla caduta, dal punto più basso che si può ripartire per risalire e riemergere. San Paolo rappresenta per antonomasia la volontà che genera la possibilità. La sua trasformazione ci dice che nulla è perduto e che chi è caduto può sempre raccogliere le forze per rialzarsi e diventare una persona migliore. L'atelier è diventato uno spazio custodito e protetto da tutti coloro che pur essendo in carcere sperimentano questo particolare tipo di libertà e aspettano di recuperare quella della loro esistenza fisica. Ritengo che si possa fare arte terapia in carcere se si guarda verso l'uomo e non verso il reato. A quell'uomo si possono offrire delle possibilità che passando attraverso l'attività artistica sono in grado di aiutarlo a crescere e a migliorarsi. Il tempo sospeso all'interno della detenzione può essere strutturato per costruire una narrazione nuova della loro vita, che molti di loro da liberi non avrebbero mai pensato di poter esperire. L'atelier con la sua attività costruita sul confronto, sulla trasparenza e sulla congruità segna lo spartiacque tra quelli che veramente desiderano mettersi in gioco e quelli che non sono pronti a farlo. Oggi dopo più di un anno di sospensione l'attività nell'atelier è ripresa. Ci siamo ritrovati, con quelli che ancora hanno una lunga condanna da scontare, con i nuovi giunti che sono stati trasferiti da altri istituti o messi in carcere da poco tempo e con quelli che sono rientrati accusati di nuovi reati. Tutto scorre inarrestabile e terribilmente immobile come sempre. I sogni, le speranze e i progetti fioriscono nei nostri incontri dietro le sbarre.

Ma fioriscono anche i cespugli di rosmarino, di rose e di lavanda che i detenuti hanno finalmente il permesso di coltivare nei ritagli di terra fra i massicci di cemento.

L'opera d'arte è "fondazione di un mondo" e "messa in opera della verità".
(M.Heidegger *)

TRACCE DI ESPERIENZE

Gianluigi, grrrazie

Nel 2016 attraverso il ministero venne proposto ai detenuti di realizzare e spedire delle opere artistiche. Per una questione organizzativa proposi al gruppo di realizzare un'opera corale che rappresentasse delle emozioni da far uscire dal carcere. Portai delle tavolette formato cartolina e dissi loro che avrebbero potuto raffigurare la rabbia, la tristezza, la gioia e l'amore. Ciascun partecipante poteva realizzare quelle che desiderava liberamene. Poi tutte sarebbero state sistemate come un collage su un grande pannello. Gianluigi era un ragazzo che frequentava saltuariamente l'atelier senza mai riuscire a realizzare alcun lavoro. Era sempre stanco e depresso. Assieme a lui era detenuto il suo più caro amico, nonché compagno di reato che cercava in tutti i modi di aiutarlo e di stimolarlo affinché reagisse. Il compito appariva arduo perché Gianluigi sembrava scivolare sempre di più in una tristezza devastante. Quel giorno Gianluigi spinto dall'amico si presentò in atelier dove c'era una grande confusione poiché tutti quanti si agitavano davanti al lavoro artistico da affrontare. Una volta ascoltata la consegna, contrariamente ai compagni che si organizzavano rumorosamente, Gianluigi scelse con estrema calma una tavoletta e si immerse nel processo artistico. Silenzioso, chino sul lavoro, sembrava lontano mille miglia. Senza esitazione realizzò un'opera con tecnica mista. Si vedeva un omino dipinto di nero **sospeso** sopra delle fiamme. Stava appeso a delle sbarre nere realizzate con pasta modellabile, in rilievo come per sottolineare il peso che avevano nella scena. L'omino si aggrappa disperatamente alle barre tentando di uscire da quella situazione insopportabile. Col colore nero Gianluigi scrisse una didascalia: "GRRRRRRR".

Quindi mi mostrò la tavoletta e mi disse" ho fatto la mia rabbia.". Poi guardandomi sconsolato mi domandò "ma ora che ne faccio?". Io guardai sopra la sua spalla, nella finestra dietro di lui. Oltre le sbarre soffiava un forte vento agitando l'erba brulla del cortiletto e così indicandogli la scena gli dissi "Gianluigi affidala al vento, lui la porterà via di qui". Gianluigi sorrise e si mise nuovamente al lavoro. Questa volta dipinse una tavoletta con un mare in tempesta increspato di spuma bianca e mentre dipingeva soffiava sulla tavoletta e sembrava recuperare quell'energia che mi era sembrato avesse perduto. Una volta terminata me la mostrò, ridendo e piangendo insieme. Continuava a soffiarvi sopra, come volesse ricordare a sé stesso di tenere viva la speranza facendo portare via dal vento la rabbia che lo soffocava. Nell'incontro successivo tornò in atelier e si propose per montare le tavolette realizzate dal gruppo sul pannello che avevamo preparato. Svolse questo lavoro con grande cura e attenzione, aiutato dai compagni che spontaneamente si affidavano al suo gusto per stabilire la collocazione delle opere. Trattò i lavori dei compagni con grande rispetto e delicatezza creando un'opera corale piacevolmente equilibrata e interessante. Negli spazi rimasti liberi tra un'opera e l'altra inserì del cotone tinto di rosa e di azzurrino. Molto seriamente mi spiegò che rappresentava le nuvole assieme alle quali le emozioni sarebbero volate via ibere. Su una striscia di legno colorata incollò dei sassolini e scrisse in verticale la parola" GRAZIE". Pensai che questa parola rappresentasse la trasformazione del suo rabbioso" GRRRRR" iniziale in un rasserenato "GRAZIE". Lo diceva a sé stesso, per essere riuscito a buttare fuori quel carico di malessere che lo stava soffocando. Da quel giorno Gianluigi prese a frequentare regolarmente l'atelier e a lavorare. Non voglio dire che andò sempre tutto bene. Ci furono ancora giornate grigie e giornate piene di vento. Lui le affrontò con me, con i compagni e con l'attività artistica che lo aiutò a prendersi cura di sé. Il tempo è trascorso e un bel giorno tra lacrime ed applausi Gianluigi è uscito. Oggi è un uomo libero integrato nella società civile che viaggia per il mondo e che ha conservato un bel legame di amicizia con me. Dal mio canto io sono grata a Gianluigi per quanto di bello mi ha dato durante il tempo che ha frequentato l'atelier e mi dà oggi nel saperlo libero e realizzato.

Dario l'irriducibile

Dario era detenuto in carcere da parecchi anni. Aveva difficili rapporti con la famiglia e non riceveva visite. Il suo atteggiamento era quello di chi si è ritagliato uno spazio inviolabile. Era gentile ed educato, ma i suoi modi e il suo atteggiamento nel gruppo tradivano il rispetto e la paura che incuteva nei compagni. Bastava un suo sguardo per bloccare ogni movimento accanto a lui. Dario adorava disegnare e questo fu un motivo che lo portò ad avvicinarsi a me e a concedermi la sua fiducia in poco tempo. Mi chiedeva consigli, voleva imparare e in atelier aveva uno spazio tutto suo dove sperimentava i materiali senza che mai nessuno osasse sedersi al suo posto. Lavorava alle icone scegliendo soggetti diversi e mettendosi alla prova. Disegnava anche in cella e ad ogni incontro mi faceva vedere il lavoro che aveva realizzato durante la settimana. Aveva una scarsissima cultura, ma era interessato e curioso di conoscere. Per soddisfare il suo bisogno gli consigliai diversi libri di storia dell'arte che lui letteralmente divorava. In passato sempre in carcere, aveva fatto un corso di fumetto, senza però trovare mai la possibilità di applicare quanto appreso se non in maniera occasionale. Aveva dei gusti un po' gotici, così gli presentai Edgar Allan Poe e gli proposi di scegliere un racconto e di illustrarlo. Si fece prendere dall'entusiasmo e lavorò per parecchi mesi al progetto. Il risultato fu un bellissimo fumetto. In seguito con la medesima passione illustrò anche una canzone del cantautore Mannarino. Parlando di sé raccontava che da bambino colorava le scarpe dei fratelli mentre loro dormivano. Per questo veniva regolarmente picchiato e punito, senza però che niente e nessuno riuscisse mai a farlo smettere. Oggi, parlando di sé si definiva un "vecchio bastardo". E diceva che non gli importasse più di niente. Io pensavo invece che lui come tutti desiderasse tanto la vita e la libertà. Il suo tempo in carcere stava per terminare e fu trasferito in una comunità. Salutammo la sua partenza con allegria, ma eravamo anche tutti preoccupati perché sapevamo che lui non era contento della sua nuova sistemazione. Infatti, non trascorse molto tempo che ci giunse la notizia della sua evasione. Ripreso scontò il resto della pena più l'aggravamento in un altro carcere. Non ho più avuto sue notizie per alcuni anni, fino a che di recente essendo finalmente tornato libero è stato lui a cercarmi. Ci sentiamo ogni tanto e ci raccontiamo delle nostre vite. La passione per l'arte che ci ha fatto avvicinare continua a essere un filo che ci lega. Dario ha trascorso quasi tutta la sua vita in carcere, e attraverso l'espressione artistica ha trovato il modo di sopravvivere e di ritagliarsi una sua speciale forma di libertà personale. Una libertà fatta di colori e di forme inseguite e realizzate con fatica e costanza. Certo il suo mondo è lontano e diverso da quello proposto dalla realtà delle regole della società civile. Dario non si è mai piegato e si è sempre difeso da chi ha cercato di cambiarlo scegliendo di restare un irriducibile.

Gavino il messaggero

Gavino è un fantoccio di dimensioni simili a quelle di un ragazzo. L'abbiamo realizzato in atelier con della rete legata e riempita di cartone. Gavino è snodato e leggero. Venne costruito in occasione di una mostra artistica in un parco di Sassari. Per l'occasione avevamo pensato di presentare un'installazione che raccontasse nel linguaggio artistico la condizione della detenzione. Gavino venne vestito con degli abiti che furono colorati e decorati graficamente dai Gentiluomini. Egli era coperto di colori destinati a quelli del "mondo di fuori". Il volto e la testa di Gavino erano composti da tante maschere sovrapposte che volevano rappresentare la diversità e la varietà fra gli artisti. Indossava scarpe colorate e aveva una luce che pulsava nella zona del cuore e del cervello. In base alle informazioni sullo spazio che ci avevano assegnato per la mostra, i gentiluomini studiarono e discussero la posizione che Gavino doveva assumere. Io fui il loro braccio. Così Gavino fu collocato all'interno di un gruppetto di alberi in semicerchio, nella penombra che le fronde unendosi generavano. Era seduto per terra e munito di colori, pennelli e tela, era rappresentato nell'atto del dipingere. Dietro di lui stavano appese ai rami delle grucce che portavano sistemati come corpi svuotati camicie e pantaloni, anch'essi pieni di messaggi di colore. Questi stavano a simboleggiare la situazione di vita "sospesa", che era la condizione che gli artisti volevano evidenziare. Per terra, davanti a Gavino alcune scarpe dipinte a colori vivaci da Dario, erano sistemate come passi che si allontanavano dallo spazio chiuso verso la libertà e la luce. L'installazione riscosse un grande successo e Gavino partecipò a diverse altre manifestazioni e mostre. La sua presenza silenziosa ha raccontato, con il linguaggio dell'arte, a chi lo ha voluto ascoltare una rappresentazione di quella che è nei nostri luoghi e nei nostri tempi la condizione dell'uomo privato della libertà e sospeso dalla presenza nella società civile.

Figura 20 - Icona "Pietà"

Figura 21 - Icona "San Giorgio e il Drago"

Figura 22 - La mia paura 1

Figura 23 - La mia tristezza e la mia rabbia

Figura 24 - Gavino

Figura 25 - Emozioni cartoline

Figura 26 - Guerriero antico

Figura 27 - La mia gioia

NOTE BIBLIOGRAFICHE *

Gli scritti di Heidegger sono tratti da:

Onofrio, M. (2015) Per la Definizione di un'Estetica in Martin Heidegger, l'Evento Autenticità, messa in Opera della Verità, la Parola nomina l'Ente, *L'Ombra delle Parole: Rivista Letteraria Internazionale*,
https://lombradelleparole.wordpress.com/2015/05/26/per-la-definizione-di-unestetica-in-martin-heidegger-levento-autenticita-messa-in-opera-della-verita-la-parola-nomina-lente-di-marco-onofrio-parte-ii (visitato 02/02/2022).

Biografia

Danila Pittau affrescatrice e restauratrice architettonica. Nasce in un'isola, la Sardegna, e come molti suoi conterranei avverte il peso della solitudine e dell'isolamento che caratterizza la cultura isolana, in quanto terra geograficamente separata dal continente e limitata nel suo confine. Da sempre si dedica all'arte che, come un richiamo irresistibile, ha guidato i suoi passi e le sue scelte nella vita. Riconoscendo in maniera intuitiva il valore dell'arte come strumento di benessere, capace di contenere il dolore e di amplificare la gioia, ha voluto approfondire questo aspetto attraverso un percorso formativo mirato. Nel 2014 diventa Counselor Aspic e nel 2016 Arteterapeuta Lyceum Vitt. Nel 2015 compie il suo tirocinio del terzo anno di formazione in arte terapia presso la CCC XXXXXXXX (L'istituto chiede di non comparire nominalmente). L'utenza che incontra in atelier è composta da detenuti clinici, che per sei mesi incontra con cadenza settimanale. A seguito di questa esperienza scrive un progetto e lo presenta all'istituto. Nel 2016 l'istituto accetta la proposta chiedendo tuttavia che i destinatari siano i detenuti della sezione "Protetti e Promiscui". Si tratta di un'utenza difficile, sepolta all'interno del carcere, isolata e povera di attività. Dopo una prima fase di sperimentazione pilota di tre mesi, il progetto viene finanziato dalla Caritas, dal Comune di Sassari, dalla Pastorale Diocesana e da altri enti. Da allora salvo alcuni momenti di interruzione ha proseguito fino a oggi. La situazione COVID ha bloccato l'attività per più di un anno. Attualmente seguendo le istruzioni sanitarie l'atelier ha riaperto i battenti e l'attività è ripresa.

Cabiriaviolante@hotmail.it

UTILIZZO DELLA CRETA NEGLI INTERVENTI IN AMBITO PENITENZIARIO

di Valentina Rossi, Arteterapeuta Apiart

Intento di questo articolo è di esporre alcune osservazioni inerenti l'uso della creta all'interno dei laboratori che ho condotto in momenti differenti nell'arco di tempo compreso tra novembre 2017 e dicembre 2021, svolti presso la Casa Circondariale di Monza, la Casa di Reclusione di Milano-Carcere Bollate e la Casa Circondariale di Milano San Vittore "Francesco di Cataldo". Gli interventi si inseriscono in Servizi ideati e realizzati da A&I Società Cooperativa Sociale ONLUS, che si rivolgono a detenuti con fragilità psichica [8].

Ogni intervento ha coinvolto un'equipe multidisciplinare, solitamente composta da psicologi, educatori, arteterapeuti, musicoterapeuti e maestri d'arte.

OSSERVAZIONI INERENTI ALL'USO DELLA CRETA

La creta è il materiale che preferibilmente ho proposto nei laboratori presso questi Istituti, materiale generalmente

---

[8] Progetto Sintesi/Sintesi.com/Sintesi 3.0 e Incubatori di Comunità per la Casa Circondariale di Monza (finanziamento POR FSE di Regione Lombardia e finanziamento di Cassa delle Ammende); Progetto ART Bollate e RestART Bollate per la Casa di Reclusione di Milano-Carcere Bollate (finanziamento POR FSE di Regione Lombardia); Servizio Sulla Soglia, finanziato dall'ASST Fatebenefratelli e Sacco per la Casa Circondariale di Milano San Vittore "Francesco di Cataldo".

apprezzato dai partecipanti, che offre molteplici possibilità di utilizzo e che mi ha consentito di adeguare le proposte secondo il contesto e gli obiettivi specifici di ogni intervento.

La creta risulta facilmente avvicinabile anche da chi non ha particolari abilità manuali, è modellabile direttamente con le mani e con semplici strumenti. La creta è un materiale grezzo, manipolabile e trasformabile, che offre la possibilità di sperimentare le tre modalità del processo creativo evidenziate da Mimma Della Cagnoletta (2010): *modalità a concentrazione corporea* che coinvolge primariamente i sensi e consente un'esplorazione sensoriale; *modalità a risoluzione formale* volta a ottenere una configurazione estetica soddisfacente o funzionale del lavoro artistico e *modalità a narrazione simbolica* in cui si può dare un significato al lavoro, fare collegamenti alla storia personale, dare forma a un oggetto che parli di sé e che contenga i vissuti emotivi di quel momento[9].

Lavorare con le mani, manipolando e dando forma al materiale, promuove un senso di benessere: durante il processo

---

[9] L'autrice sostiene che le tre modalità di esperienza (autistico-contigua, schizo-paranoide e depressiva) individuate da Ogden (1992) siano riscontrabili nel processo creativo: *modalità a concentrazione corporea, modalità a risoluzione formale, modalità a narrazione simbolica. "Nel processo creativo tutte e tre le modalità interagiscono e si integrano a vicenda: la prima crea contatto con il materiali artistico (e quindi il suo utilizzo); la seconda predilige la visione delle forme, ne valuta l'equilibrio, il ritmo, il movimento; la terza ne introduce il significato"* (Della Cagnoletta, M. (2010) Arte Terapia: *La prospettiva psicodinamica*, Carocci Faber, p.30).

creativo il contatto con la materia favorisce la riattivazione delle sensazioni corporee, l'attività manuale può aiutare ad allentare la pressione esercitata dai pensieri e il risultato ottenuto può alimentare sensazioni di gratificazione e soddisfazione[10].

La creta permette di dare forma a oggetti tridimensionali che occupano uno spazio fisico, oggetti che si possono maneggiare, capovolgere e osservare da diverse angolazioni, sperimentando la possibilità di cambiare punto di vista, che rappresenta il primo passo per uscire da un senso di blocco e favorire una trasformazione attraverso l'interiorizzazione del punto di vista terzo.

Il processo di lavorazione del materiale offre l'occasione di incanalare energie dando forma a emozioni e stati d'animo. Un'opportunità preziosa che il lavoro con la creta consente è di prendersi cura dell'oggetto: concretamente e simbolicamente questo avviene sia quando i manufatti vengono riparati in caso di rottura accidentale, sia quando gli oggetti in lavorazione vengono sistemati e custoditi con attenzione, affinché sia possibile portarne avanti la modellazione a distanza di giorni.

---

[10] L'importanza della manipolazione della creta come strumento per accedere alle percezioni tattili e per promuovere le capacità del sistema nervoso di autoregolarsi, nonché di modificare schemi comportamentali di stimolo-risposta appresi in infanzia, è ben documenta nel lavoro di Cornelia Elbrecht inerente alla tecnica di arteterapia sensorimotoria "Clay Field", ovvero 'Campo d'argilla' (Elbrecht, 2013).

L'oggetto può assumere differenti funzioni e significati ed essere modellato con l'intento di regalarlo a persone esterne al carcere.

MODALITÀ D'INTERVENTO

Per avviare la sperimentazione con la creta ho solitamente proposto la modellazione di un posacenere o contenitore di piccole dimensioni, oggetto che a mio avviso rappresenta in modo concreto e simbolico la possibilità di contenere. Questa prima proposta consente di descrivere ai partecipanti le peculiarità del materiale, mostrare le fasi del lavoro e lasciare che ciascuno scelga poi come dettagliare il manufatto. Ho sempre trovato interessante osservare i primi oggetti realizzati, per la varietà delle caratteristiche che possono presentare: forma circolare oppure squadrata, struttura solida o fragile, modellato morbido o spigoloso, superficie levigata oppure grezza.

Nello specifico le proposte di lavoro si sono delineate rispetto alla particolarità di ogni Istituto, al setting in cui si è svolta l'attività e agli obiettivi concordati per l'intervento.
Presso la Casa Circondariale di Milano San Vittore, dove a causa di molteplici fattori e variabili spesso non sono prevedibili né il periodo di frequenza, né la costanza di partecipazione ai laboratori, è stato necessario progettare interventi molto strutturati e definiti, volti a offrire contenimento e abbassamento dell'attivazione emotiva.

A tale scopo l'utilizzo della creta consente di dedicarsi a un'attività concreta che si svolge nel "qui e ora", di descrivere e seguire le fasi della lavorazione dell'oggetto che scandiscono una sequenza temporale, di nominare le variazioni possibili durante il processo creativo dovute alle caratteristiche del materiale, al calore corporeo e alla temperatura dell'ambiente.

L'intervento avviato nel mese di ottobre 2018 presso la Casa di Reclusione di Milano-Carcere Bollate si è sviluppato in linea con le caratteristiche del contesto e del gruppo dei partecipanti. L'attività con la creta ha favorito le interazioni tra i membri del gruppo attraverso uno scambio di esperienze e di saperi, facilitando la possibilità di esprimersi anche per le persone più fragili e ritirate, con maggior difficoltà nella sola espressione verbale.

Il gruppo è gradualmente diventato più numeroso e con il procedere del percorso è stato possibile introdurre momenti di condivisione verbale, dedicati all'osservazione dei manufatti in un'ottica di confronto, valorizzazione e arricchimento reciproco. Ognuno ha portato avanti un lavoro individuale attraverso la creazione di manufatti che raccontano affetti e desideri personali, oppure che riproducono oggetti tipici delle differenti terre native.

 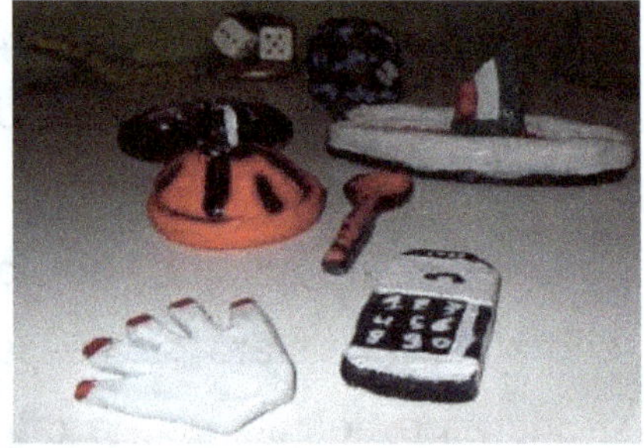

Il progetto si è concluso con una mostra interna al carcere (Fig. 28 e 29) che si è svolta nel mese di giugno 2019, con l'esposizione degli oggetti scelti dai partecipanti per raccontare

Figura 28   *Figura 29*

l'esperienza vissuta insieme.

Nel mese di settembre 2019 è stato possibile avviare un nuovo progetto presso la Casa di Reclusione di Bollate con la stessa equipe multidisciplinare coinvolta nell'intervento precedente. La partecipazione dei detenuti che avevano preso parte al primo percorso ha consentito di dare continuità all'esperienza e con l'intento di organizzare una presentazione del progetto all'Istituto, abbiamo scelto un tema comune per

raccontare il laboratorio di Arte terapia. I partecipanti hanno collaborato alla realizzazione di un villaggio medioevale composto da elementi e simboli rappresentanti diverse culture.

Figura 30

Il progetto è stato necessariamente sospeso da febbraio a luglio 2020 a causa della pandemia da Covid-19. Gli incontri sono ripresi con struttura organizzativa e modalità d'intervento completamente differenti, per rispettare le norme di sicurezza e di prevenzione del contagio.

Accogliendo la proposta dello psicologo dell'equipe di riprendere il progetto del villaggio, abbiamo mostrato ai nuovi partecipanti alcuni manufatti con l'intento di raccontare il lavoro di gruppo e di invitarli a collaborare. Gli oggetti hanno assunto le preziose funzioni di rappresentare il gruppo (Fig. 30) che aveva precedentemente avviato il lavoro, testimoniare e collegare momenti diversi del progetto, dare continuità a un processo creativo condiviso

L'andamento della pandemia nel periodo 2020-2021 ha condizionato fortemente sia la fattibilità sia le modalità di svolgimento degli interventi trattamentali all'interno degli Istituti Penitenziari.

Le strategie adottate per far fronte all'emergenza presso la Casa Circondariale di Milano San Vittore hanno portato ingenti cambiamenti e adattamenti nel carcere.

Per diversi mesi il laboratorio di Arte terapia ha potuto coinvolgere un ristretto numero di partecipanti seduti in postazioni distanziate, all'interno di un'aula solitamente riservata ai corsi di formazione scolastica. Inizialmente lo spazio a disposizione per gli strumenti di lavoro e per lo svolgimento dell'attività non ha consentito l'uso della creta; quando è stato possibile reintrodurre questo materiale abbiamo avviato la modellazione di posaceneri e contenitori di piccole dimensioni. In seguito, a partire da alcuni oggetti spontaneamente realizzati dai partecipanti, abbiamo condiviso in equipe l'intento di proporre un lavoro che potesse avere un obiettivo comune, volto a favorire la cooperazione e il senso di appartenenza al gruppo nonostante le condizioni generali.

I partecipanti hanno collaborato alla creazione di un ambiente composto da elementi e oggetti con caratteristiche e funzioni distinte, che hanno contribuito a costituire il lavoro d'insieme.

Questo progetto si è concluso con un momento di osservazione del risultato ottenuto, durante il quale il gruppo ha riconosciuto la buona riuscita dell'opera collettiva.

RIFLESSIONI SULLA GESTIONE DEGLI OGGETTI MODELLATI

La gestione dei lavori realizzati durante i percorsi di Arte terapia è parte integrante e tema di riflessione specifico in ogni intervento, strettamente collegato agli obiettivi e all'andamento del percorso, oltre al contesto in cui si svolge.

In ambito penitenziario la gestione dei manufatti è vincolata innanzitutto alle regole stabilite dall'Istituto che accoglie il progetto.

Nella mia esperienza presso la Casa Circondariale di Milano San Vittore non è mai stato possibile portare i manufatti al di fuori dagli spazi riservati all'attività, mentre durante gli interventi presso la Casa di Reclusione di Bollate la gestione degli oggetti modellati poteva essere valutata e concordata con i partecipanti. Presso la Casa Circondariale di Monza era richiesta domanda scritta per ottenere il consenso a portare i manufatti ai colloqui, oppure all'esterno in caso di scarcerazione o trasferimento in un'altra struttura.

Le regole dettate dagli Istituti riguardanti la gestione dei manufatti sono un fattore imprescindibile che è importante considerare nella progettazione degli interventi, specialmente quando è prevista la realizzazione di oggetti tridimensionali, che possano risultare potenzialmente pericolosi.

Un regolamento categorico e perentorio, che non ammette scelte personali riguardo la gestione dei manufatti, può risultare frustrante qualora l'intervento comprendesse esclusivamente proposte di lavoro individuale, in considerazione del fatto che doversi separare dall'oggetto può influire sull'investimento e l'impegno dedicati al lavoro. In una cornice regolamentare di questo genere, ritengo sia più funzionale accompagnare gradualmente i partecipanti alla realizzazione di un'opera collettiva, frutto della collaborazione e del contributo di ognuno, in un'ottica di valorizzazione delle caratteristiche individuali a favore di un obiettivo comune.

Nei contesti in cui è invece permessa una maggiore autonomia decisionale riguardo la gestione degli oggetti, può favorirsi la modellazione di oggetti realizzati per essere regalati ai colloqui oppure per rispondere alle richieste di detenuti non appartenenti al gruppo, con il rischio di mercificare i manufatti. Una più ampia libertà di scelta consente anche di osservare come viene utilizzata tale opportunità, quale funzione assume l'oggetto e, quando fattibile, di condividere le riflessioni insieme al gruppo per aprire un confronto costruttivo e non giudicante, a favore di un ampliamento delle possibilità di pensiero e di azione.

CONCLUSIONI

In conclusione, credo che l'utilizzo della creta negli interventi in ambito penitenziario sia utile e funzionale per le molteplici modalità di impiego che questo materiale permette, con la possibilità di differenziare le proposte di lavoro secondo i differenti contesti, le situazioni contingenti e gli obiettivi specifici di ogni progetto.

La creta è un materiale naturale che rimanda alla terra e che si modifica a contatto con elementi vitali quali l'aria e l'acqua; inoltre, fino a quando non viene cotta in appositi forni, la creta può essere riciclata conservando le proprietà che la caratterizzano.

La possibilità di riciclare i manufatti rimasti incompiuti oppure danneggiati dal trascorrere del tempo, risulta a mio parere preziosa sia concretamente sia simbolicamente, consentendo di osservare e di partecipare a un lento processo di recupero, durante il quale la materia si trasforma per poter essere riutilizzata attraverso un ciclo di rigenerazione creativa.

Bibliografia

Della Cagnoletta, M. (2010) *Arte Terapia: La prospettiva psicodinamica*, Carocci Faber.

Della Cagnoletta, M., Mondino, D. & Bolech, I. (2018) *Arte Terapia nei Gruppi: Strutture, strumenti e conduzione*, Carocci Faber.

Elbrecht, C. (2013) *Trauma Healing at the Clay Field: A sensorimotor approach to art therapy*, Jessica Kingsley.

Ogden, T. (1992) *Il Limite Primigenio dell'Esperienza,* Astrolabio.

Schermer, V.L. & Pines, M. (1998) *Il Cerchio di Fuoco: Affetti primitivi e relazioni oggettuali nella psicoterapia di gruppo,* Raffaello Cortina.

Silvestro, S., Mauri, L. & Mencacci, C. (2012) Progetto "Sulla soglia": un'esperienza di buona prassi nell'assistenza e nel trattamento dei detenuti con disagio psichico in dimissione dagli istituti penali milanesi, *Quaderni Italiani di Psichiatria*, 2012; *31*(3): 118-125.

Biografia

Valentina Rossi Arteterapeuta Apiart e socia Associazione Art Therapy Italiana.

Ha conseguito il Diploma Accademico di Pittura presso l'Accademia di Belle Arti di Brera (Mi), Diploma di Arteterapeuta e Master di Specializzazione in Arte terapia di Gruppo presso l'Associazione Art Therapy Italiana.

Da novembre 2022 è Arteterapeuta presso il Centro Diurno interno dell'I.P.M. "C. Beccaria" di Milano in equipe multidisciplinare con Consorzio SiR.

Conduce dal 2017 interventi di Arte terapia presso Istituti Penitenziari lombardi, in equipe multidisciplinare con A&I Onlus.

Collabora da diversi anni con Comunità Terapeutiche per Minori e Adulti (Cr), attraverso la conduzione di percorsi di Arte terapia di Gruppo.

Socio fondatore e vicepresidente "Battaglie Associazione" di Treviglio (Bg), dove lavora in equipe per il servizio di Arte terapia e per la progettazione e realizzazione di interventi in rete con Istituzioni, Servizi pubblici e privati, Comunità Educative e Terapeutiche.

valentinarteterapeuta@gmail.com

FRAMMENTI DI SENSO

di Isabella Bolech

Ci sono sicuramente esperienze che segnano il nostro percorso umano e professionale e spesso si palesa la possibilità di accedervi in modi strani e in momenti inattesi.

È stato proprio così, quasi per caso, che mi è stato proposto un intervento, finanziato da un benefattore esterno che in qualche modo aveva sperimentato l'arte terapia, presso una comunità per minori inviate dal tribunale o perché autrici di reato o perché trovate in stato di abbandono e pericolo. Non si trattava di una vera e propria istituzione penitenziaria, ma ne era potenzialmente di certo l'anticamera. Era una struttura ad alta protezione cui le minori venivano "ristrette" in attesa del vaglio da parte del Tribunale dei minori o di altri enti preposti.

Le ragazze vivevano quindi presso questa comunità, dotata di educatori, psichiatri e psicologi e frequentavano se del caso la scuola, ma comunque erano sottoposte a vigilanza e controllo.

Il mio intervento è durato un anno con cadenza settimanale e nel percorso ho proposto varie attività, dalle più semplici a quelle via via più complesse.

Le partecipanti erano per la maggior parte straniere o di origine Sinti e Rom. Nel corso dell'esperienza, è stato possibile creare uno spazio di libertà che non poco ha influito sulla creazione di una relazione di fiducia.

Tante sono le storie che mi sono state raccontate, tutte accomunate da difficoltà di vita precoci e anche se so che erano spesso condite di omissioni e bugie, ciò che le rendeva preziose ai miei occhi era la necessità che io mi facessi per loro in qualche modo testimone non giudicante e presenza costante.

Quella che qui di seguito riporto è la storia che forse più delle altre ha segnato e significato la mia esperienza in questo contesto, perché essa per certi versi segnala l'efficacia dell'intervento di arte terapia in un ambito come questo punto.

Samantha arriva, accompagnata da Amina. Come sempre accade, due nuovi ingressi di cui non so nulla.

Mi presento, spiego con poche parole chi sono e che cosa faccio – del resto loro hanno una vaga idea, anche se sembrano essere state catapultate qui.

Le hanno trovate in giro, mi diranno poi, lasciando filtrare un dettaglio che non dovrei sapere e con un provvedimento di urgenza le hanno mandate qui. Strano, ma la prima cosa che penso è che sono state spedite in questo posto senza abiti, se non quelli che avevano indosso, senza i loro effetti personali, eppure a pochi giorni di distanza dal loro ingresso noto che indossano cose che paiono adatte, hanno le unghie dipinte, un accenno di trucco e maneggiano freneticamente un cellulare che per forza deve appartenere loro. Ma del resto – continuo a pensare – il cellulare lo avranno sicuramente avuto con sé, appendice ineliminabile della nostra quotidianità di oggi.

Amina è araba, o forse è più esatto dire "era araba" finché è stata nel grembo di sua madre, ma è nata qui e quindi appartiene a questo paese e non conosce la sua terra d'origine, dove forse non è mai nemmeno stata. Non posso, però, non riflettere subito sul fatto che la sua è un'esistenza di frontiera, una gamba di qui e una di là, passi sempre a cavallo del confine.

È arrabbiata, ribelle e aggressiva. In pochi minuti cerca lo scontro con me. È ovvio che automaticamente mi schiera dall'altra parte dell'altro confine che ha eretto nella sua mente: quello che divide il suo mondo un po' deviante e bislacco da quello abitato da tutti gli adulti che le impediscono di essere libera come vorrebbe.

So che mi colloca nella categoria mamma araba-polizia, giudice minorile, educatrici, assistenti sociali... e tu chi sei? La psicologa? L'arteterapeuta? Puah! Tutti uguali.

Rimango calma, lei non mi innervosisce, non mi sento attaccata, non ho bisogno di chiarire il mio ruolo. Osservo e cerco di capire come poter entrare in contatto con lei. Ignoro le provocazioni e mi limito a spiegarle che cosa stiamo facendo.

Tempo fa, le ragazze del gruppo hanno chiesto di cucire e lo stanno facendo. Realizziamo una piccola coperta. È un lavoro carico di significati profondi e preziosi, è come imparare ad accostare pezzi e a unirli, per tenerli assieme. È un modo per stare in un ritmo di base pacato e tranquillo.

Lei cerca di ribattere usando il suo turpiloquio intemperante, ma poco dopo prende un pezzo – lei sa cucire, la mamma araba gliel'ha insegnato, forse fa parte della sua dotazione culturale.

Scalpita, scalcia, ma si mette all'opera, non senza però cercare di coinvolgere nella sua ribellione Samantha, che appare più tranquilla, zitta e guardinga.

Samantha chiede aiuto, le mostro come si cuce, un punto dietro l'altro, allineati come soldatini. I suoi punti sono un po' ribelli e un po' anarchici, ma le riescono e lei cuce, si impegna a farlo.
Colgo nel suo viso piccoli e fugaci lampi di soddisfazione che non so bene decifrare, ma lei continua e ogni volta che termina il filo, mi chiama a chiuderlo e iniziare di nuovo.
Intanto anche Amina cuce, tentando al contempo di mantener alto il livello della sua protesta.

All'improvviso, però sembra che io non faccia più parte della schiera dei nemici. "Se sei una psicologa, allora capisci". Comincia a raccontare qualcosa di sé, briciole e frammenti, io ascolto, anche se avverto un sottile tentativo di sedurmi, di ammansirmi, forse. Sento il suo sforzo di ricollocarmi e di compiacermi lavorando un po'. Io sono sempre tranquilla, almeno in apparenza. Dentro, mi sento veramente sul confine, sul limite estremo del senso di ciò che faccio, di ciò che posso fare, di ciò che sono.

Samantha cuce. Mette assieme alcuni pezzi e li guarda soddisfatta. Dice poco direttamente a me, parla e risponde ad Amina, in un discorso che mi esclude, ma che taglia fuori anche il resto del gruppo che osserva, procede nel lavoro e tollera, o cerca di tollerare, questo ennesimo ingresso. Nessuno sa quanto durerà. Le ragazze sono sempre un po' caute a creare legami. Alcune arrivano e se ne vanno poco dopo, piccole e grandi meteore nel loro universo già così complesso e confuso.
Il tempo è stato breve, meno di un'ora, forse 40 minuti. Amina e Samantha chiedono di uscire fuori e io acconsento, forse sono anche un filo sollevata che non sia successo niente di troppo difficile.

Samantha ha solo detto di avere 15 anni. Sono pochi per lei che a vederla gliene dai almeno 18 e intuisci un passaggio devastante di un ciclone nella sua vita.
Mentre esce, la guardo e mi domando quante sostanze abbia preso, di quante cose abbia abusato... o sia stata abusata.

Sempre fugacemente mi chiedo anche se la vedrò ancora la prossima settimana o se anche lei sia per me un'ennesima apparizione effimera.

Con sorpresa, il lunedì successivo la vedo comparire, mentre non c'è subito Amina che pure ho intravvisto all'ingresso.

Noto, un po' distrattamente per il vero, che è tutta elegante e truccata, cosa insolita perché normalmente le ragazze scendono direttamente dalla loro stanza, così come sono. Ma forse ancora per scarsa esperienza – sono qui da alcuni mesi – o perché mi lascio prendere da altri elementi, non mi soffermo a considerare la stranezza, né la commento, come invece talvolta mi capita di fare se vedo le ragazze particolarmente agghindate.

Entra subito in contatto con me, parla, vuole la coperta, mi chiede di sistemarle un piccolo pasticcio della volta precedente, protestando un po' perché le avevo promesso che l'avrei fatto (ma guarda caso, me ne ero scordata, quasi non scommettessi sul suo ritorno) e poi vuole aggiungere un altro paio di pezzi. Avverto un frenetico desiderio di terminare il lavoro. La assecondo, anche se non capisco.

Nel frattempo, comunica fittamente con Anisha, che è la sua compagna di stanza da quando è arrivata qui. La loro conversazione è poco decifrabile per me, anche se è a voce alta perché contiene una sorta di linguaggio in codice. Io rimango tranquilla, una presenza quasi ottusa.

Anisha è nervosa, refrattaria, ambivalente. Ho la sensazione che in parte voglia compiacerla e in parte no. Del resto, ho imparato da tempo a conoscere queste sue oscillazioni tra il desiderio di essere libera e spontanea e la comparsa repentina della nube oscura in cui la gettano le voci severe dentro di lei che la richiamano all'ordine.

All'improvviso Samantha termina il lavoro, lo solleva, lo guarda soddisfatta, lo piega e chiede se può andarsene con Amina che è entrata a chiamarla. Anisha la segue. È una sequenza un po' concitata.

Le tre ragazze escono, Samantha ha preso la coperta, ma non vedo dove l'abbia messa, mi sembra che abbia in mano una sigaretta, non ne sono sicura. Penso che andrà a imboscarsi per farsi una canna, nonostante da qualche tempo viga il divieto di fumo anche all'esterno della struttura. Ma ha in mano altre cose che non distinguo – più tardi Jamala mi dirà che è la trousse per il trucco – ma io non ci giurerei.

Sarei una pessima testimone oculare, perché i miei occhi non colgono particolari e dettagli da riferire con precisione; invece, sento distintamente che qualcosa sta per accadere.
Poco dopo rientra Amina. Oggi è più calma, più riflessiva, fa mille domande e poi mi racconta di sé. È una narrazione lucida, tinta di uno spirito ribelle, ma non priva di acume.

Continuiamo a lavorare, ma l'aria è effervescente. So che qualcosa bolle in pentola, però Amina e Anisha comunicano in arabo e a me non è dato di capire. A un tratto entra l'educatrice e chiede di parlare privatamente con Anisha. Ho una reazione strana, o forse non strana, solo un po' primitiva. Mi sento tagliata fuori.

Anisha rientra.

Samantha è scappata.

Ha preso la trousse del trucco che Jamala le aveva visto preparare poco prima. Aveva anche riempito una sacca sperando nella complicità di Amina che forse, se ci fosse riuscita l'avrebbe facilitata pur sapendo che le altre ragazze che già la vedono male avrebbero sicuramente fatto la spia.

Samantha è scappata e ha portato via con sé la coperta.
Non l'hanno intercettata. La polizia quel giorno aveva altri problemi e non ha mostrato interesse per la ricerca di una minorenne sbandata in fuga.

Qualche giorno dopo ho saputo che era stata localizzata perché, uscita dalla comunità ha incontrato un ragazzo, pure lui in fuga e insieme hanno compiuto un reato. Poi ha vagato in giro per la città.

Durante quei giorni ho pensato spesso a lei, ho immaginato che dormisse in giro, in luoghi improbabili, che vagasse alla ricerca di qualche soldo per mangiare un panino.

Dentro la borsa, la coperta.

L'hanno trovata venti giorni dopo, in una casa occupata lurida e buia. Era affamata, piena di lividi e escoriazioni. I tagli e i graffi se li fa lei.

È stata rispedita in comunità e lì l'ho trovata il solito lunedì.

L'ho accolta e insieme abbiamo infilato perline per piccoli braccialetti che si è legata al polso.

In tutto questo tempo, interrogandomi sul senso di quanto accaduto, ho capito che lavorando su queste frontiere estreme del malessere e del dolore, avevo potuto darle una cosa buona e in questo sta tutto il possibile significato di quanto faccio con lei e con chiunque.

Mi è chiaro da sempre che non offriamo, che non possiamo offrire salvezza a nessuno, ma so anche che spesso ci illudiamo che i nostri sforzi, la nostra passione, la nostra professionalità, il nostro impegno, talvolta anche la nostra ostinazione, siano sufficienti a far quanto meno intravvedere una strada possibile, ad aprire qualche porta.

E invece è necessario continuare a camminare sul confine con la consapevolezza – e la sofferenza – di non poter indurre nessuno a fare un passo oltre.

Possiamo appunto aiutare a fare la valigia, a sistemare la cassetta degli attrezzi, a verificare che ci siano le cose di base.

A mettere una coperta nella borsa, una cosa piccola e buona che forse un giorno tornerà utile per ripararsi un poco dal freddo di molte notti in cui ci troviamo a vagare.

Chissà se nella casa buia e sporca, una notte Samantha avrà tirato fuori la sua coperta....

Figura 31 – La coperta